LE MIRACLE HELLÉNIQUE
SUIVI D'UNE NOTICE BIOGRAPHIQUE DE L'AUTEUR

ÉDOUARD SCHURÉ

Notice biographique par
LOUIS DE ROMEUF

ALICIA ÉDITIONS

TABLE DES MATIÈRES

I. L'APOLLON DE DELPHES ET LA PYTHONISSE — 1
I. — LE NŒUD GORDIEN — 1
II. — LA GRÈCE QU'ON VOIT. L'APOLLON DE DELPHES — 8
III. — LA PYTHONISSE — 14

II. DÉMÉTER ET PERSÉPHONE — LE DIONYSOS DES MYSTÈRES ET LA TRAGÉDIE — 22
IV. — LA GRÈCE QU'ON NE VOIT PAS. DÉMÉTER ET PERSÉPHONE — 22
V. — LE DIONYSOS DES MYSTÈRES — 28
VI. — LES DESSOUS DE LA TRAGÉDIE — 40

BIOGRAPHIE D'ÉDOUARD SCHURÉ — 54
Louis de Romeuf

Chapitre I. — Sa Vie — 55
Chapitre II. — Son Œuvre — 58
CONCLUSION — 71
OPINIONS — 72
BIBLIOGRAPHIE — 75

I. L'APOLLON DE DELPHES ET LA PYTHONISSE

I. — LE NŒUD GORDIEN

Le rôle de la Grèce dans l'évolution humaine se résume en l'idée maîtresse qu'elle a fait reluire sur le monde. Cette idée peut se formuler ainsi : *L'œuvre hellénique fut la plus parfaite réalisation du Divin dans l'Humain sous la forme du Beau.* À travers elle, nous contemplons l'incarnation puissante de cette beauté divine et son expression harmonique dans la civilisation comme dans l'art. Nous vivons encore des débris de cette œuvre et des reflets de cette idée, mais en connaissons-nous l'origine et toute la signification historique ? En d'autres termes, savons-nous rattacher d'un lien organique cette révélation à celles qui la précédèrent et à celle qui la suivit ? À cet égard, la Grèce a une situation unique et un rôle capital. Elle marque la transition entre l'ancien cycle des religions polythéistes et le christianisme. C'est le nœud gordien où s'enroulent tous les fils secrets qui courent de l'Asie à l'Europe, de l'Orient à l'Occident. Avons-nous débrouillé cette quenouille ? Avons-nous seulement pénétré jusqu'au fond du sanctuaire ? Malgré nos fouilles et nos découvertes, nous sommes trop loin de ce monde et de ses radieux mystères. Hélas ! le charme est rompu, le sourire des dieux épandu sur le monde comme une aurore pourprée s'est évanoui. Jamais depuis, aucun peuple ne l'a revu, jamais les hommes n'ont retrouvé ce merveilleux équilibre entre l'âme et le corps, cette exquise pénétration de l'esprit et de la matière, qui donnait des ailes aux athlètes d'Olympie comme à la parole de Platon. Aujourd'hui, les ombres sévères de l'ascétisme chrétien, le formidable échafaudage d'une civilisation fondée sur le machinisme et les constructions laborieuses d'une science matérialiste s'entassent et se dressent, comme d'infranchissables chaînes de montagnes, entre nous et la lumineuse Arcadie vers qui se tend un si nostalgique désir. Deux mille ans d'histoire nous cachent la Grèce sacrée, et nous avons perdu le secret de son ivresse divine, trempée de sagesse et de volupté subtile. D'autre part, nous sommes forcés de reconnaître qu'elle est toujours la moitié de nous-mêmes, puisque nous lui devons nos arts, nos philosophies et même nos sciences. Cela fait que le génie grec nous apparaît de plus en plus comme un prodige inexpliqué. Nous pouvons donc parler d'un *miracle hellénique* au même titre que d'un *miracle chrétien*, et rien ne symbolise mieux sa merveille à nos yeux que le mythe de Prométhée, l'audacieux voleur de la foudre, qui, en dérobant le feu du ciel pour l'apporter aux hommes, leur donna les arts, la science et la liberté.

Jusqu'à ce jour, les historiens ont cherché l'explication du miracle hellénique dans le pays et dans la race des Hellènes. Ces deux facteurs en furent certes les conditions indispensables. Si l'Europe semble une ramification de l'Asie, la Grèce, terminée par le Péloponnèse et entourée de ses îles, semble la branche la plus délicate et le bouquet fleuri de l'Europe. Golfes et caps, vallées ombreuses et sommets nus, toutes les figures de la montagne et de la mer s'y profilent et s'y emboîtent dans une harmonie savante, avec une sobriété pleine de richesse. On dirait les cimes abruptes et neigeuses de la Thessalie sculptées par les Titans. N'ont-elles pas été taillées pour être le trône des Olympiens, et les grottes tapissées de lierre du Cithéron pour recouvrir les amours des dieux épris des femmes de la terre, et les bois de myrte et les sources de l'Arcadie pour abriter les dryades et les nymphes ? Les plaines de l'Élide, d'Argos et de l'Attique n'attendaient-elles pas le galop des Centaures et les combats héroïques ? Les Cyclades, semées sur la mer violette comme des coquilles de nacre ou des fleurs rosées avec leurs franges d'écume, n'appelaient-elles pas les rondes des Néréides ? Le rocher de l'Acropole ne réclame-t-il pas tout seul le Parthénon avec la Vierge d'airain dont brille de si loin le casque et l'aigrette ? Enfin, le sombre entonnoir de Delphes, dominé par les cimes blanches du Parnasse, ce « nombril de la terre, » ne semble-t-il pas le lieu prédestiné au trépied de la Pythonisse, qui frémit aux voix de l'abîme et aux souffles du ciel ? Voilà sans doute des cadres merveilleux, mais le berceau, si beau soit-il, ne fait pas encore l'enfant.

Les peuples divers, qui se sont rencontrés, croisés et fondus avec les vieux Pélasges dans l'Hellade, Thraces, Étoliens, Achéens, Lydiens, éoliens, suffisent-ils pour résoudre, avec la beauté du sol, l'énigme de la religion et de la poésie grecques ? À leur tête, j'aperçois les deux types qui synthétisent les qualités de toute la race, les Ioniens et les Doriens. Les Ioniens, venus d'Asie, sont ceux que les Hindous appelaient les Yavanas, c'est-à-dire ceux qui adorent Iona, la faculté féminine de la divinité et les puissances réceptives de la nature féconde. Ces peuples préféraient donc aux Dieux mâles les déesses, Cybèle la Terre-mère, la voluptueuse Astarté et la changeante Hécate. Ils représentent le côté féminin de l'âme grecque, la grâce, l'esprit délié, la versatilité avec une certaine mollesse, mais aussi la passion, le génie orgiastique et l'enthousiasme. Ces Ioniens se trouvèrent face à face, dans l'Hellade, avec les Doriens, race guerrière et rude, venue du Nord, des froides plaines de la Scythie, à travers les monts chevelus de la Thrace. C'étaient des barbares ; leurs corps vigoureux avaient trempé dans les eaux glacées du Strymon, mais ils portaient dans leur cœur intrépide et dans leurs cheveux roux les rayons de cet Apollon hyperboréen, dont on conservait le souvenir à Délos comme à Delphes. Ils incarnent l'élément mâle du génie grec. Leurs Dieux sont ceux du ciel, Vulcain, Zeus, Apollon ; le feu, la foudre et la lumière. Leurs héros s'appellent Héraclès, le tueur de monstres, et les Dioscures, Castor et Pollux, dompteurs de chevaux.

La lutte entre les Ioniens et les. Doriens, qui s'exacerbe dans la rivalité d'Athènes et de Sparte et dans la désastreuse guerre du Péloponnèse, fait le fond même de l'histoire grecque et remplit toute sa durée de ses fastes sanglants. Mais suffit-elle pour expliquer la religion et la poésie de la Grèce ? D'où vient que celles-ci apparaissent dès l'abord comme un édifice harmonieux que la fantaisie et les licences des poètes n'ont point ébranlé ? D'où vient l'unité du panthéon grec et sa splendide hiérarchie, rythmée comme le pas des Muses et comme le vol d'Iris entre le ciel et la terre ? Notez que cette hiérarchie se montre identique, dès le début, chez l'Ionien Homère et chez le Dorien Hésiode. De quelle autorité émane le tribunal des Amphictyons, siégeant à Delphes, qui donne une sanction à l'unité nationale au-dessus des dissensions intestines ? Qui enfin a donné, dès les temps préhistoriques, la suprématie au mâle génie des Doriens sur la puissance passionnelle et orgiastique des Ioniens, sans la déflorer et l'écraser, mais en préparant au contraire son plus bel épanouissement par une culture savante ?

Les poètes grecs racontent que Jupiter, énamouré de la belle Europe, se changea en un superbe taureau et l'enleva sur son dos pour la transporter des molles rives de l'Asie dans l'île sauvage de la Crète à travers les flots azurés. Image suggestive des émigrations ioniennes et des innombrables enlèvements de femmes de ces temps rudes et joyeux. Mais, pour suivre le mythe en son délicieux symbolisme, par quel charme Jupiter, ayant revêtu, dans une caverne du mont Ida, sa forme humaine à travers laquelle fulgurait le Dieu, par quel éclair de ses prunelles, par quelles caresses de feu métamorphosa-t-il la vierge naïve en la femme puissante, qui devait déployer tour à tour la séduction d'Aphrodite, l'impétuosité de Pallas et la gravité de Melpomène ? Cette Grèce-là ne nous retient pas seulement par son sourire, elle nous enchaîne et nous délie par la flamme profonde de son regard. D'où lui viennent cette force et cette magie ? Voilà l'énigme, voilà le problème.

Le sol et la race suffiraient à la rigueur pour nous expliquer la Grèce légère, spirituelle, rieuse et fine, que Taine et Renan nous peignent si bien, mais où l'on ne sent ni la passion de l'Ionie, ni la grandeur dorienne*. Elle est charmante cette Grèce de marins et de bergers, de pirates aimables et de délicats artistes. Elle joue supérieurement avec la vie, les idées et les Dieux. Elle les savoure en s'en moquant un peu. Elle nous fait comprendre Théocrite, Aristophane, l'Anthologie et Lucien, les rhéteurs, les sophistes, la démagogie d'Athènes et la politique féroce de Sparte. Mais, à côté de cette Grèce profane et enjouée, il y en a une autre plus sérieuse et plus émue. C'est celle d'Homère et d'Hésiode, de Pindare et des grands lyriques, de Phidias et de Praxitèle, d'Eschyle et de Sophocle, d'Empédocle, d'Héraclite, de Pythagore et de Platon. Or l'âme grecque manifestée en ces grandes individualités ne s'explique ni par le sol, ni par la race, ni par le moment, mais par les inspirations surhumaines qui vinrent la soulever. La Grèce décadente, qu'on nous donne trop souvent pour la vraie, n'est que celle des derniers temps, surface et poussière de son génie en décomposition. Comme tous les grands peuples, la Grèce eut dans sa période préhistorique une révélation religieuse adaptée à sa nature et à sa mission, révélation qui a laissé sa trace dans sa légende et dans ses institutions, source de lumière et de vie qui alimente ses chefs-d'œuvre et ne tarit qu'après les avoir enfantés. En un mot, *derrière la Grèce qu'on voit, il y a une Grèce qu'on ne voit pas*. Seule celle-ci explique la première, car ce fut elle qui la créa et l'organisa. Son secret se dérobe à nous dans ses Mystères, que défendaient le serment du silence et la peine de mort édictée par l'Aréopage contre ceux qui le violaient. Cependant les fragments orphiques, les allusions de Platon, les traités de Plutarque†, les indiscrétions des philosophes d'Alexandrie, les polémiques des Pères de l'Église, la topographie des ruines d'Éleusis et leurs inscriptions caractéristiques nous permettent de nous faire une idée de l'essence et de la symbolique de cette religion secrète‡.

---

* Voyez l'étude de Renan sur *les Religions de l'Antiquité* dans ses *Essais d'Histoire religieuse* et *la Philosophie de l'art en Grèce*, par Taine.
† Spécialement les quatre traités sur *Isis et Osiris, Sur le EI du temple de Delphes, Sur ce que la Pythie ne rend plus maintenant ses oracles en vers*, sur *les Sanctuaires dont les oracles ont cessé*.
‡ La meilleure description des Mystères d'Éleusis, j'entends non de l'initiation person-

Entrons donc hardiment dans la pénombre des deux sanctuaires les plus vénérés de la Grèce, à Delphes et à Éleusis. Là nous apparaîtront deux divinités qui furent les deux pôles opposés de l'âme grecque et qui nous en donnent la clef, Apollon et Dionysos.

Apollon, le Dieu Dorien par excellence, inspirateur de la sagesse et de la divination, maître de l'individualité consciente et disciplinée, est le verbe solaire de Zeus conçu comme le Dieu éternel et infini et par lui le révélateur des Archétypes des choses. Quand Apollon parle, par la lumière ou le son, par l'arc ou la lyre, par la poésie ou la musique, il est la manifestation directe de son père, le langage de l'Esprit pur aux esprits. Messager brillant de l'insondable azur et de la lumière incréée qui sommeille dans la nuit primordiale, salutaire à qui l'invoque, redoutable à qui le nie, impénétrable aux hommes, il plane au-dessus du temps et de l'espace dans une splendeur immaculée.

Dionysos est l'autre verbe de Zeus, mais combien différent du premier, ce fils de la foudre et de Sémélé ! Nous trouvons en lui la manifestation du même Dieu à travers le monde visible, sa descente dans la matière, sa circulation dans la nature terrestre, végétale, animale et humaine, où il se disperse et se morcelle à l'infini. Dieu de sacrifice et de volupté, de mort et de renaissance, d'incarnation et de désincarnation. Par sa dispersion et son immersion dans les âmes du Grand-Tout, il déborde à la fois de joie et de douleur, il verse à flots l'ivresse, la souffrance et l'enthousiasme. Il est terrible et doux, néfaste et sublime. Car s'il est fécond en créations, il l'est aussi en métamorphoses, en soubresauts et en volte-face, et ce même désir sans frein, qui l'a plongé dans l'épaisseur de l'abîme, peut le faire rebondir d'un

---

nelle donnée aux élèves des Eumolpides mais des fêtes célébrées annuellement au sanctuaire, se trouve dans *la Symbolique de Kreuser*, traduite et augmentée par Guigniaut sous ce titre *les Religions de l'Antiquité*. — Voyez aussi le très remarquable travail de M. Foucart : *Recherches sur l'origine et la nature des Mystères d'Éleusis*, *Mémoires* de l'Académie des Inscriptions et Belles-Lettres, XXXV, 2e partie, publié à part chez Klincksteck, 1895, et l'excellente étude sur *les Fouilles d'Éleusis*, par M. Ch. Diehl dans ses *Excursions archéologiques*. — On trouve de vivantes descriptions de Delphes et d'Éleusis dans le récent et gracieux livre de M. André Beaunier, *le Sourire d'Athéna*.

prodigieux élan au pur éther de Zeus, où des soleils lointains luisent seuls à travers les archétypes des mondes.

Pour tout dire en un mot, Apollon est *le Dieu statique de la Révélation* et Dionysos *le Dieu dynamique de l'Évolution*. Leurs rencontres, leurs conflits et leurs alliances temporaires constituent l'histoire même de l'âme grecque, au point de vue ésotérique.

Cette histoire a trois étapes : l'orphisme primitif, les mystères d'Éleusis et la tragédie d'Athènes. Ces trois points lumineux nous montrent chaque fois une victoire du principe apollinien sur le principe dionysiaque, suivie d'une réconciliation entre les deux adversaires. Livré à lui seul, Dionysos déchaîne les passions ou se perd dans l'infini, mais sous la discipline d'Apollon il déploie des charmes et des puissances merveilleuses. La Grèce marque donc ce moment unique de l'histoire, où les forces cosmiques, en lutte inégale chez les autres peuples, parvinrent à un équilibre parfait et à une sorte de fusion harmonieuse. Le pacte d'Apollon et de Dionysos est le chef-d'œuvre de la religion hellénique et le secret de la Grèce sacrée*.

---

* C'est ici le lieu de rendre justice à celui qui a découvert la signification transcendante d'Apollon et de Dionysos pour l'esthétique grecque. La Grèce elle-même, qui l'a si puissamment illustrée dans ses mythes et réalisée dans ses Mystères, ne l'a pas exprimée par la bouche de ses philosophes. Peut-être ne l'a-t-elle pas formulée parce qu'elle l'a trop vécue. Quant aux modernes, personne ne s'en est douté. Seul Nietzsche l'a devinée dans son génial essai : *l'Enfantement de la tragédie par le génie de la musique (Die Geburt der Tragœdie aus dem Geiste der Musik)*. Ayant remarqué dans toute la littérature grecque l'antagonisme radical entre l'*élément apollinien* et l'*élément dionysiaque*, il caractérise le premier comme le phénomène du rêve et le second comme celui de l'*ivresse*. Le rêve amène les belles visions ; l'ivresse produit une sorte de fusion de l'âme avec l'âme des êtres et des éléments. Pour cette raison, Nietzsche nomme Apollon *le principe de l'individuation*, de la noble individualité humaine, et Dionysos *le principe de l'identification avec la nature*, du retour au Grand Tout. De cette vue profonde, il tire des déductions neuves et frappantes, d'abord sur le contraste entre la sérénité contemplative des rhapsodes épiques et la passion tumultueuse des lyriques grecs, ensuite sur la nature primitive du dithyrambe et sur l'origine de la tragédie, où les deux principes se fondent en se synthétisant. En somme, Nietzsche a parfaitement caractérisé les effets *psychophysiologiques* de la force apollinienne et de la force dionysiaque et montré leurs contrecoups dans l'art grec. Mais sa mentalité et sa philosophie ne lui permettaient pas de remonter aux *puissances cosmiques* dont le rêve apollinien et l'enthousiasme dionysiaque ne sont que des actions réflexes. N'admettant pas l'existence d'un monde spirituel

Ainsi nous apparaît, tordu et enchevêtré en un écheveau inextricable, par les puissances les plus mystérieuses de l'univers, le nœud gordien du génie grec. Que n'ai-je l'épée d'Alexandre pour le trancher ! J'essayerai du moins d'en dénouer quelques fils. Par la Grèce qu'on voit, tâchons de pénétrer dans celle qu'on ne voit pas. Après un coup d'œil à la façade polychrome du temple, resplendissante de statues et de trophées, nous entrerons dans le sanctuaire. Là peut-être verrons-nous à l'œuvre les puissances ordonnatrices des merveilles que nous admirons du dehors.

II. — LA GRÈCE QU'ON VOIT. L'APOLLON DE DELPHES

Du temps des vieux Pelages, Zens-Jupiter régnait seul sur quelques sommets de la Thrace et de la Thessalie, où il possédait un sanctuaire à Dodone. Il en avait d'autres en Arcadie et en Crète, aux flancs du mont Ida. C'était un Dieu sublime, mais inaccessible et redoutable. Il avait pour ministres des prêtres-rois, vivant sur des hauteurs fortifiées. Ces anaktes s'imposaient par la force et la terreur, au nom du vainqueur des Titans, fils d'Ouranos et de la Nuit saturnienne. On obéissait à ses oracles sans les comprendre. On l'invoquait la nuit dans les yeux innombrables du firmament, on se courbait sous sa foudre roulante, on l'écoutait gronder dans le frisson des chênes. Par les décrets de ses prêtres-rois, il réglait impérieusement les destinées des peuples, groupés pour la défense de leurs troupeaux autour de murs cyclopéens. Mais ce Dieu ouranien et cosmogonique s'intéressait à peine à la race misérable des mortels, il les tolérait plutôt qu'il ne les aimait. Sa puis-

---

au-dessus du monde physique, la vision apollinienne des Archétypes ne pouvait être pour lui qu'une hallucination poétique et l'extase dionysiaque qu'un retour au néant ou à l'inconscience des éléments. Sur sa rétine irritée par la philosophie de Schopenhauer, la lumière d'Apollon et la flamme de Dionysos se changèrent en la tache noire du pessimisme. Cela ne rend sa découverte que plus remarquable. Il fallait une intuition d'une acuité singulière pour parvenir jusqu'au seuil des Mystères et soulever un coin de leur voile, sans la tradition ésotérique et sans l'illumination complète.

protège les foyers, les pactes, les serments. Mais lui, qu'est-il, l'Inaccessible ? Qui le verra jamais ?

Ce fut une véritable révolution quand les Doriens, vêtus de peaux de bêtes, armés de grands arcs et de longues flèches, suivis de leurs femmes rousses, sortes de druidesses qui invoquaient Hélios à grands cris, dans un délire sacré, avant les combats, descendirent dans l'Hellade. Le Dieu solaire qu'ils apportaient dans leurs yeux d'azur flamboyant, dans leurs carquois et leurs hymnes, n'était pas un Dieu lointain, mais un Dieu partout présent. Le soleil n'était que son signe extérieur, son char céleste. Ce fils de Zeus parlait directement au cœur des hommes. Il parlait un nouveau langage, par les armes, par la lyre et le chant. Bientôt une immense vibration traversa l'âme hellénique, frisson de lumière et de mélodie. Que Jupiter tonne sur les sommets, Apollon se révèle dans les beaux corps nus et les hymnes de joie. On eût dit alors que le rythme des astres se communiquait aux membres humains, au nombre de la parole, aux cordes de la lyre, aux phalanges guerrières, aux théories des vierges, pour se cristalliser aux colonnes naissantes et aux architraves des temples. Le verbe solaire d'Apollon allait créer l'homme harmonique et la cité. Ce fut son premier miracle.

De tout cela on trouve l'écho dans l'hymne homérique à Apollon*. Le génie grec anthropomorphise et localise ses Dieux, mais ou surprend dans sa poésie l'écho de lointains événements cosmiques.

« C'est par toi, ô Phoïbos, dit le rhapsode, que les chants sont inspirés, soit sur la terre ferme qui nourrit les génisses, soit dans les îles. Les hauts rochers te chantent, et les sommets des montagnes, et les fleuves qui roulent à la mer, et les promontoires qui avancent sur la mer et les ports. » Ainsi la terre elle-même chante un hymne au Dieu, avec sa faune et sa flore, réponse vivante aux rayons qui l'embrassent. Le rhapsode célèbre ensuite la naissance d'Apollon. L'événement capital de notre système planétaire, l'éclosion du soleil dans la nuit saturnienne,

---

* Les prêtresses hyperboréennes de Délos, *les Vierges Déliades*, dont parle déjà l'hymne homérique et dont M. Homolle a trouvé les tombeaux à Délos, en furent une suite.

que les rishis de l'Inde apercevaient sous son aspect cosmogonique réel, en vastes cercles d'ombre et de lumière, prend dans l'imagination grecque la forme d'un conte gracieux, où perce un symbolisme profond. C'est la pensée dorienne traduite par un rhapsode ionien. Léto, à genoux devant le palmier de Délos qu'elle embrasse, a enfanté le Dieu. « Toutes les Déesses hurlèrent de joie... Et sa mère ne lui donna point la mamelle à Apollon à l'épée d'or, mais Thémis (la Justice) lui offrit de ses mains immortelles le nectar et l'ambroisie désirable, et Léto se réjouit parce qu'elle avait enfanté un fils, puissant archer. Phoïbos, après avoir bu le nectar, ne put se contenir, il rompit tous ses liens. Il dit aux Immortelles : — Qu'on me donne la cithare amie et l'arc recourbé et je révélerai aux hommes les véritables desseins de Zeus. Ayant ainsi parlé, l'Archer Phoïbos aux longs cheveux descendit sur la terre aux larges chemins et toutes les Immortelles étaient stupéfaites, et Délos se couvrit tout entière d'or et elle fleurit comme le faîte d'une montagne sous les fleurs de la forêt. » L'auteur de l'hymne peint ensuite les effets prestigieux du culte d'Apollon à Délos. « Si quelqu'un survenait tandis que les Ioniens sont ainsi rassemblés par toi, il croirait que ce sont autant d'Immortels à l'abri de la vieillesse. Et il admirerait leur grâce à tous, et il serait charmé, en son âme, de contempler les hommes et les femmes aux belles ceintures et leurs nefs rapides et leurs nombreuses richesses, et par-dessus tout, un grand prodige dont la louange ne cessera jamais, les vierges Déliades, servantes de l'Archer Apollon. Elles louent d'abord Apollon, puis Léto et Artémis joyeuse de ses flèches. Puis elles se souviennent des hommes et des femmes antiques, et, chantant un hymne, elles chantent la race des hommes. Elles savent imiter les voix et les rythmes de tous les peuples et on dirait entendre une seule voix, tant elles accordent parfaitement leur chant. » Ne voit-on pas dans ce tableau l'éclosion de la religion nouvelle ? Aux sons de la musique apollinienne, les nefs arrivent de toutes parts vers l'île sacrée. Hommes et femmes montent par groupes au temple, au son des lyres. Et l'on sent ce que cette architecture humaine a de chaste et de grave. C'est l'empreinte d'Apollon sur la race ionienne. Sous ses pas, les cités grecques s'ordonnent en rythmes de beauté. Bien des siècles plus tard, lorsque, après la victoire de Platées, les Grecs élevèrent dans cette ville un autel à Jupiter Libérateur, ils voulurent que le premier feu y fût apporté du sanctuaire de Delphes qui n'avait pas été souillé par la présence des barbares. Un jeune homme, Euchidas, s'offrit pour faire ce parcours de plus de vingt lieues sans laisser le feu s'éteindre. Lorsqu'il l'apporta, pareil au coureur de Marathon, il tomba mort. Ce fut l'hommage de la jeunesse virile à son Dieu.

Si Apollon préside à l'organisation de la cité, sa plus subtile et sa plus noble influence se manifeste dans l'inspiration poétique. De cette vague d'inspiration que le verbe solaire roule de l'Hellade à l'Ionie, et qui reflue de l'Ionie à l'Hellade en innombrables rhapsodies, sont sorties l'*Iliade* et l'*Odyssée*, l'épopée et la théogonie. Homère comme Hésiode, les cycles variés de la légende héroïque et de la mythologie, qui s'entrecroisent en grands cercles sans se confondre comme les rides d'une eau limpide. Quel est le caractère primitif et la nature de cette inspiration ? Lucrèce a dit quelque part que les hommes aperçurent d'abord les formes sublimes des dieux pendant leur sommeil. Le début de la théogonie d'Hésiode confirme cette hypothèse. C'est près de la fontaine violette de l'Hippocrène, à l'ombre épaisse des grands chênes qu'Hésiode a sa vision des Muses. Dans son rêve, il les voit descendre du neigeux Olympos avec leurs pieds légers. « Se précipitant enveloppées d'un air épais, elles vont dans la nuit, élevant leur belle voix et louant Zeus tempétueux et la vénérable Hère, l'Argienne, qui marche avec des sandales dorées, et la fille de Zeus tempétueux, Athèna aux yeux clairs et Phoïbos, Apollon et Artémis joyeuse de ses flèches. — Pasteurs qui dormez en plein air, crient-elles, race vile, qui n'êtes que des ventres, nous savons dire des mensonges nombreux semblables aux choses vraies, mais nous savons aussi, quand il nous plaît, dire la vérité. » Ainsi parlèrent les filles véridiques du grand Zeus, et elles me donnèrent un sceptre, un rameau vert, laurier admirable à cueillir ; et elles m'inspirèrent une voix divine, afin que je pusse dire les choses passées et futures. » S'éveillant de ce rêve, Hésiode a compris sa mission. Il s'écrie :

« Pourquoi rester autour du chêne et du rocher ? » Le pâtre est devenu poète.

Voilà la vision apollinienne dans son ingénuité et son authenticité primitive. Libre à la critique moderne de n'y voir qu'une froide allégorie ou un jeu de l'imagination surexcitée. La science de l'Esprit, dégagée de toute superstition scolastique ou populaire, y voit un reste de l'antique voyance, une inspiration supérieure qui s'adapte à l'esprit du voyant. Comme Homère, Hésiode appelle les Muses les filles de Mnémosyne, mot qu'il faudrait traduire par Sagesse de la Mémoire. Mnémosyne représente en réalité cette mémoire universelle de la nature, cette lumière astrale, élément subtil, éthéré, où flottent les images du passé. Les neuf Muses d'Hésiode apparaissent comme les messagères intelligentes de cette lumière, douces éveilleuses des plus hautes facultés humaines, semeuses subtiles des sciences et des arts dans les cerveaux humains. Il va sans dire que l'imagination libre des poètes, à commencer par celle d'Homère, a fortement travaillé sur ces données primitives. Mais, dans l'ensemble et par ses motifs essentiels, la source de la mythologie et de l'épopée grecque est bien cette vision astrale que les Grecs appelaient la lumière d'Apollon.

Mais Apollon ne se montre pas seulement régulateur de la cité, modèle des beaux éphèbes, inspirateur de la poésie. Il est encore le dieu de la divination et de la sagesse. Ces deux derniers attributs font de lui le dieu pan-hellénique par excellence, le chef spirituel du tribunal des Amphictyons, l'arbitre suprême des peuples grecs. Par ces fonctions, il intervient dans la destinée des individus et des nations. C'était son rôle le plus visible, le plus important. Par là, il se montrait présent et actif dans tout le monde antique. Car beaucoup d'étrangers, les tyrans de Sicile et de Lydie, et jusqu'aux pharaons d'Égypte venaient le consulter. Mais il ne rendait ses oracles que par ses prêtres et ses prêtresses dans son sanctuaire. Athènes était le cerveau de la Grèce, mais on ne trouvait qu'à Delphes son cœur palpitant. Allons donc à Delphes.

Que nous voilà loin de la ville de Pallas, dont la citadelle domine librement la plaine de l'Attique, entre le sourire lointain de la mer et les pentes parfumées de l'Hymette. Delphes est un site grandiose et tragique. Dans la sombre gorge de la Phocide, au fond d'un gouffre de rochers à pic, la montagne d'Apollon se blottit contre la muraille verticale du Parnasse, comme un aigle effrayé par la foudre. De loin, elle paraît petite, à cause des colosses qui l'entourent ; de plus près, elle grandit peu à peu. À côté d'elle, entre le Parnasse et le mont Cirphis, le torrent du Pleistos sort d'une sinistre anfractuosité et gronde sous un chaos de rochers. Nul horizon ; un sol fiévreux, crevassé, et partout la menace de cimes surplombantes, d'où les tremblements de terre font rouler des blocs énormes. Par ces sommets lancés au ciel, comme par ces profonds abîmes, la terre témoigne ici de sa puissance volcanique de création et de destruction. Pourquoi le Dieu de la lumière avait-il choisi pour séjour cet endroit terrible ? Comme les voyageurs modernes, les pèlerins antiques, venant en longues théories par la plaine de Crissa, souffraient de cette sensation oppressante. Mais elle s'adoucissait, elle s'éclairait de fières images et de sentiments nobles à mesure qu'ils approchaient du but. Le lointain étincellement des marbres et des bronzes leur donnait un premier éblouissement. Ils traversaient le faubourg de Mar-maria, ombragé d'oliviers et de frênes, et montaient la Voie Sacrée. Là ils saluaient le monument de Marathon avec ses combattants d'airain et les héros éponymes d'Athènes, et, en face de lui, le monument des Spartiates, en mémoire de la victoire d'Aigos-Potamos, placé là par les Lacédémoniens comme pour défier leurs rivaux, avec Zeus couronnant le roi Lysandre. Les pèlerins montaient, montaient toujours la large voie qui serpente en lacets entre les bouquets de lauriers et de myrtes. Les trésors des villes ennemies, forcées de se réconcilier devant le Dieu commun, leur donnaient des émotions diverses. Ils saluaient la colonne des Thyiades, le trésor des Rhodiens, le trépied de Platées, la Victoire messénienne et les gracieuses Cariatides des Gnidiens. Lorsqu'ils avaient vu la fontaine argentée de Castalie jaillir d'une échancrure du rocher de Phlemboukos, ils se trouvaient enfin devant le temple d'Apollon, couvert de boucliers et de trophées, temple unique, audacieusement posé entre les roches escarpées des Phaedriades (les Resplendissantes) que le soleil couchant colore de teintes violettes et pourpres. Alors les pèlerins, secoués d'une commotion profonde, entonnaient le péan. Ils songeaient au mythe, selon lequel l'aigle de Jupiter, chargé de trouver le centre du monde, vint planer sur les cimes du Parnasse et, plongeant dans le gouffre, se posa sur la montagne sacrée. Cet aigle, n'était-ce pas maintenant le temple lui-même, flanqué de ses deux roches, pareilles à des ailes dressées et flamboyantes et portant dans son cœur le verbe d'Apollon, évocateur de toutes ces merveilles ?

III. — LA PYTHONISSE

Apollon prophétisait à Delphes par la Pythie. Cette institution remontait dans la nuit des temps. Certains auteurs attribuent son origine à l'effet troublant des vapeurs, qui sortaient jadis de la fente d'une grotte où se trouvait le trépied de la Pythonisse et où elle prononçait ses oracles au milieu de violentes convulsions. Un berger réfugié par hasard en ce lieu se serait mis à vaticiner et l'expérience, renouvelée avec succès, aurait conféré la popularité au sanctuaire primitif. La chose est fort possible. Il est sûr que dès un temps immémorial on prophétisait à Delphes. Eschyle fait dire à la Pythie, au début des *Euménides*, qu'avant Apollon on rendait des oracles à Delphes au nom de trois autres divinités : la Terre, Thémis et Phœbé. Cela suppose des siècles pour chacun de ces cultes. Les Grecs donnaient le nom de Sibylla à la plus ancienne Pythonisse, prêtresse de Phœbé, et lui attribuaient ces paroles étranges : « Quand je serai morte, j'irai dans la Lune et je prendrai pour visage le sien. Je serai dans l'air, comme un souffle. Avec les voix et les rumeurs universelles j'irai partout. »

L'établissement du culte d'Apollon à Delphes marque une organisation plus savante de la prophétie. Les Pythonisses sont choisies dès l'enfance par un collège de prêtres, élevées au sanctuaire comme des nonnes dans un cloître et tenues à une chasteté rigoureuse. Pour-ces fonctions, on préfère les natures rustiques et simples, mais on cultive la réceptivité de leurs facultés psychiques, et c'est le pontife d'Apollon portant le titre de prophète qui interprète généralement leurs oracles.

Mais la source de cette sagesse et la pratique de cet art demeurent un mystère impénétrable au public. Plutarque, prêtre d'Apollon à Chéronée et philosophe platonicien au second siècle de notre ère, laisse entrevoir le secret et pour ainsi dire le mécanisme invisible de la divination lorsqu'il dit : « Si le corps dispose d'un grand nombre d'instruments, l'âme à son tour se sert du corps et des parties dont le corps est composé ; enfin *l'âme est pour Dieu un instrument*. Mais cet instrument est forcément imparfait. La pensée de Dieu doit se révéler sous une forme qui n'est pas la sienne et, en se produisant par un intermédiaire, elle se remplit et se pénètre de la nature de cet intermédiaire. Comme le Dieu agite cette âme, elle ne peut demeurer immobile et dans son assiette naturelle. Les mouvements qu'elle éprouve en elle-même et les passions qui la troublent sont une sorte de mer agitée, où elle se débat bruyamment et où elle s'embarrasse. » Quand Plutarque ajoute : « Le Dieu qui réside dans cette enceinte se sert de la Pythie pour se faire entendre comme le soleil se sert de la Lune pour se faire voir*, » cela veut dire que l'oracle de la Pythie est un reflet très affaibli des visions qui passent devant son âme lucide avec la rapidité d'éclairs successifs aussitôt suivis de ténèbres épaisses. Si l'on veut se faire une idée de cette sorte de divination, il faut lire la puissante description que nous donne Lucain dans sa *Pharsale* du délire prophétique de Phémonoée, prêtresse de Delphes consultée par Appius, au moment où le commandement de la République fut décerné à Pompée.

« Le plus grand malheur de notre siècle, dit Lucain, c'est d'avoir perdu cet admirable présent du ciel. L'oracle de Delphes est muet depuis que les rois craignent l'avenir et ne veulent plus laisser parler les Dieux… Ainsi dormaient les trépieds depuis longtemps immobiles, quand Appius vint troubler ce repos et demander le dernier mot de la guerre civile… Sur les bords des sources de Castalie, au fond des bois solitaires, se promenait joyeuse et sans crainte la jeune Phémonoée ; le pontife la saisit et l'entraîne avec force vers le sanctuaire. Tremblante et n'osant toucher le seuil terrible, elle veut, par une ruse inutile,

---

* Plutarque, *Œuvres morales ; Sur ce que la Pythie ne rend plus ses oracles en vers*, 21.

détourner Appius de son désir ardent de connaître l'avenir… On reconnaît cette ruse, et la terreur même de la prêtresse fait croire à la présence du Dieu qu'elle avait nié. Alors elle noue ses cheveux sur son front, et enferme ceux qui flottent sur ses épaules d'une bandelette blanche et d'une couronne de laurier de Phocide. Mais elle hésite encore et n'ose avancer ; alors le prêtre la pousse violemment dans l'intérieur du temple. La vierge court vers le trépied redoutable ; elle s'enfonce dans la grotte et s'y arrête pour recevoir à regret dans son sein le Dieu qui lui envoie le souffle souterrain, dont les siècles n'ont point épuisé la force. Maître enfin du cœur de sa prêtresse, Apollon s'en empare… Furieuse et hors d'elle-même la prêtresse court en désordre à travers le temple, agitant violemment sa tête qui ne lui appartient plus ; ses cheveux se dressent ; les bandelettes sacrées et le laurier bondissent sur son front ; elle renverse le trépied qui lui fait obstacle dans sa course vagabonde ; elle écume dans l'ardeur qui la dévore : ton souffle brûlant est sur elle, ô Dieu des oracles ! Le tableau qui se déroule devant elle est immense ; tout l'avenir se presse pour sortir à la fois, et les événements se disputent la parole prophétique… « Tu échapperas, dit-elle, aux dangers de cette guerre funeste et seul tu trouveras le repos dans un large vallon, sur la côte d'Eubée. » Le sein de la Pythonisse vient heurter la porte du temple qui cède à son effort ; elle s'échappe ; mais sa fureur prophétique n'est pas encore apaisée : elle n'a pas tout dit, et le Dieu resté dans son sein la domine toujours. C'est lui qui fait rouler ses yeux dans leurs orbites et lui donne ce regard farouche, égaré ; son visage n'a point d'expression fixe : la menace et la peur s'y peignent tour à tour : une rougeur enflammée le colore et succède à la pâleur livide de ses joues, pâleur qui inspire l'effroi plutôt qu'elle ne l'exprime.

« Son cœur battu de tant d'orages ne se calme pas encore, mais il se soulage par de nombreux soupirs semblables aux gémissements sourds que la mer fait entendre quand le vent du nord a cessé de battre les flots. Dans son passage de cette lumière divine qui lui découvre l'avenir à la lumière du jour, il se lit pour elle un intervalle de ténèbres. Apollon versa l'oubli dans son cœur pour lui ôter les secrets du ciel ; la science de l'avenir s'en échappe et la prophétesse retourne aux trépieds fatidiques. Revenue à elle-même, la malheureuse vierge tombe expirante. »

Mais la scène illustrée par Lucain ne représente que la décadence de l'art prophétique. À l'époque où il fallait traîner de force la Pythie au trépied et provoquer artificiellement la voyance, la haute source de l'inspiration était tarie depuis longtemps*. Dans le récit d'Hérodote, qui a trait à la bataille de Salamine, la Pythonisse apparaît encore dans toute sa majesté. C'est l'heure émouvante, le moment décisif des guerres médiques. Xerxês a franchi les Thermopyles et va envahir l'Attique avec son immense armée. Il s'agit de savoir pour les Athéniens s'il faut rester dans leurs murs ou abandonner la ville à l'ennemi. Après les cérémonies d'usage, les députés d'Athènes prennent place sur leurs sièges dans l'intérieur du temple de Delphes. La prêtresse Aristonica sort de sa grotte, vêtue de blanc, les yeux hagards, pâle comme la mort sous sa couronne de laurier. Ses cheveux à moitié dénoués s'échappent de sa bandelette et tombent en désordre sur ses épaules. Un frisson d'épouvante secoue tout son corps. Elle clame, en scandant ses paroles solennelles comme des vers : « — Ô infortunés, pourquoi vous asseyez-vous ? Fuyez aux extrémités de la terre. — Abandonnez vos demeures et les hauts sommets de votre ville ronde, — car ni la tête ne demeure solide, ni le corps, ni l'extrémité des pieds ou des mains ni rien des membres — ne subsistent ; mais la destruction les efface ; car

---

* Plus que tous les autres arts occultes, la divination se prête au charlatanisme et à la superstition. Malgré la discipline sévère et la piété reconnue des prêtres d'Apollon, ces vices ne manquèrent pas à Delphes. L'histoire de Cléomène, roi de Sparte, qui parvint à corrompre la Pythonisse pour obtenir la destitution de son collègue Démanite, est célèbre. L'intrigue ayant été découverte, la prêtresse fut destituée. On cite d'autres faits analogues dans les annales delphiques. Mais ce n'est pas une raison pour nier de prime abord la clairvoyance des Pythonisses et ne voir qu'une exploitation savante de la crédulité dans une institution qui jouit pendant plus de mille ans de la vénération du monde antique. Il est à noter surtout que des penseurs de premier ordre comme Pythagore et Platon l'honorèrent de leur foi et qu'ils considéraient le délire divin μανία, ὁρή (mania, horêê), en latin *furor divinus*, comme le mode de connaissance le plus direct et le plus élevé. Le scrupuleux, le positif Aristote lui-même reconnaît qu'il y a une *philosophie époptique*, c'est-à-dire une science de la vision spirituelle.

sur le toit tombent — la flamme et l'impétueux Mars accompagnant le char syrien. Les immortels suent dans leurs temples — et du faîte de leur toiture s'écoule un sang noir... — Sortez du sanctuaire... à vos afflictions opposez le courage... »

Après cet oracle fatidique, la Pythonisse, effrayée de ses propres paroles, éclate en sanglots et se retire. Désespérés, les Athéniens se jettent à terre et demandent grâce. Un Delphien les décide à revenir avec des rameaux de suppliants pour obtenir une réponse plus favorable. Cela dure un moment. Plus calme cette fois-ci, mais plus impérieuse, la Pythonisse sort de son antre et prononce :

« Pallas ne peut apaiser Jupiter Olympien. — Je te dis à toi pour la seconde fois sa parole inflexible. — De tout ce que renferment les limites de Cécrops — y compris les cavernes du divin Cithéron, — rien ne résistera... — Une forteresse de bois sera seule imprenable. — N'attends pas l'armée ennemie, tu lui feras face un jour... Ô divine Salamine, tu seras funeste au fils de la Femme* ! » On sait quel parti l'habile et intrépide Thémistocle sut tirer de cet oracle et comment les vaisseaux athéniens, en détruisant la flotte perse à Salamine, sauvèrent la Grèce. Ici l'histoire atteint la grandeur d'une tragédie d'Eschyle et son sens divin perce dans la voix de la Pythonisse.

Tels les grands jours de Delphes et le rôle d'Apollon dans les destinées helléniques. Sa puissance était alors souveraine, mais sa science se cachait derrière un voile impénétrable, sa nature demeurait une énigme. Supposons qu'un peu plus tard, un jeune disciple de Platon, fils d'eupatride, un Charmide ou un Théagès, dans sa première ardeur de savoir, soit venu chercher une explication des mystères et une réponse à ses doutes auprès du prophète de Delphes. Que lui eût répondu le pontife d'Apollon ? J'imagine qu'à l'Athénien subtil et gracieux il eût assigné, pour cet entretien, une heure nocturne, où le temple reprenait son calme après le bruit des fêtes et des processions.

---

* *Hérodote*, livre VII, chap. 40 et 41. — Remarquons ici que pour la prêtresse dorienne du culte mâle d'Apollon, Xerxès était le représentant de tous les cultes féminins de l'Asie. C'est pour cela qu'elle l'appelle « Fils de la Femme. »

Alors, aux flèches brûlantes de Hélios succédaient les rayons caressants de Phœbé, qui, en plongeant dans la gorge assombrie, argentait le feuillage des oliviers et donnait à tous les édifices un air fantômal en les enveloppant de sa lumière élyséenne.

Sous le péristyle du temple, le prophète montrait au visiteur, au-dessus de la porte d'entrée, l'inscription : « Connais-toi toi-même, » et lui disait : « Fixe ces paroles dans ta mémoire et penses-y souvent, car c'est la clef de toute sagesse. » Puis il le conduisait dans l'intérieur du temple à peine éclairé par la flamme mourante d'un trépied. On s'avançait jusqu'à la statue archaïque du Dieu, placée dans la cella, mais invisible dans les ténèbres du sanctuaire. Sur son socle, le prêtre montrait au visiteur, à la lueur d'un flambeau, l'inscription mystérieuse en deux lettres : Et, et il ajoutait : « Lorsque chacun de nous s'approche du sanctuaire, le Dieu, comme pour nous saluer, nous adresse le : « Connais-toi toi-même, » ce qui est une formule non moins expressive que le salut des amis entre eux : « Réjouis-toi ! (Χαῖρε.) Alors nous, à notre tour, nous disons au Dieu : TU ES, comme pour affirmer que la vraie, l'infaillible, la seule appellation qui lui convienne, et qui convienne à lui seul, c'est de déclarer « qu'il est*. » Le pontife expliquait ensuite au postulant que tous les êtres, la terre, la mer, les astres et l'homme lui-même, en tant qu'êtres visibles et corporels, n'avaient qu'une existence mobile, éphémère et qu'ils *n'étaient pas en réalité*, mais changeaient constamment pour naître et mourir sans cesse. Un seul être existe toujours et remplit l'éternité, c'est Dieu qui fait vivre toute chose de son souffle, mais qui réside aussi en lui-même. Voilà pourquoi Apollon dit à ses adorateurs : « Connais-toi toi-même. » Car le sage peut éveiller ce Dieu en lui-même, et si, ayant trouvé sa trace, il élève sa pensée vers ce Dieu inconnu et s'écrie en toute ferveur, en toute vénération et en toute foi : « Tu es ! » un éclair sillonne son âme et signale la présence du Dieu. Et c'est là le commencement de la sagesse.

---

* Ce passage est emprunté à Plutarque, dans son traité : *Sur le EI du temple de Delphes, 17.*

— Ô très saint pontife, s'écriait l'Athénien ému, mais non convaincu, tu parles presque comme mon maître Platon, mais je voudrais en savoir plus qu'il ne m'en dit et plus que tu ne m'en dis toi-même. Dis-moi l'origine et la fin de l'âme, le secret de la vie et ce qui vient après la mort, dis-moi l'origine et la fin des Dieux eux-mêmes que l'on dit immortels !

— Songes-tu bien à ce que tu me demandes, imprudent ? répondait aussitôt le prophète. As-tu réfléchi aux dangers que tu courrais, si je pouvais te l'accorder ? As-tu oublié le sort de Sémélé, l'amante de Jupiter qui voulut posséder Zeus dans sa splendeur divine et qui mourut consumée par le feu céleste ? Souviens-toi d'Icare qui voulut suivre le char enflammé d'Apollon dans sa course et qui fut précipité dans la mer. Souviens-toi du chasseur Actéon qui voulut voir Artémis nue dans son bain et qui, changé en cerf par la déesse, devint la proie de ses chiens. Tel serait ton destin si tu pénétrais sans préparation dans les mystères défendus. Ne peux-tu vivre heureux par la vertu dans ta cité, sous la lumière d'Apollon et l'égide de Pallas ? Va combattre pour tes ancêtres et sache revivre dans tes enfants, en attendant avec courage que la mort t'appelle et fasse de toi une ombre élyséenne.

— Une ombre ? murmurait le jeune homme, nous ne sommes donc que des ombres !... Cette pâle espérance ne peut me suffire. Tu veux donc que je vive pareil aux cigales des bords du Céphise, aux cigales qui meurent après l'été sans espoir de renaître, ou aux rossignols de Colone qui émigrent en Égypte sans savoir s'ils reviendront jamais ? Toi qui sais, prête-moi ta lumière, je t'en conjure par les Dieux infernaux !

— Prends garde d'outrager le Dieu de Delphes ! répondait le pontife. Apollon n'aime pas les libations funèbres et n'a rien à faire avec les morts. Il hait le Styx comme Zeus lui-même et ne quitte jamais sa lumière !

Une poignée d'encens jetée par le pontife sur la cendre du trépied en faisait jaillir une gerbe d'étincelles, et, pour un instant, on voyait sortir de l'ombre la statue sévère de l'archer divin, le pied posé sur le serpent Python.

— Puisque tu as tant d'audace, continuait le prophète à voix basse, va chez les prêtres d'Éleusis, chez les Eumolpides. Là, les grandes déesses, Déméter et Perséphone, te feront descendre dans le Hadès... et tu connaîtras les mystères de Dionysos... si tu es capable de supporter le voyage...

— Pour ce voyage, disait le jeune homme ravi, accorde-moi l'oracle d'Apollon !

— Impossible. Apollon et Dionysos sont frères, mais leurs domaines sont séparés. Apollon *sait tout* et quand il parle, c'est au nom de son père. Dionysos, lui, ne sait rien, mais *il est tout*, et ses actions parlent pour lui. Par sa vie comme par sa mort, il révèle les secrets de l'Abîme. Quand tu les auras appris, puisses-tu ne pas regretter ton ignorance !

Une dernière lueur du feu couvant sous la cendre... un son métallique du trépied gémissant comme une voix humaine... un geste impérieux du pontife... et l'éphèbe, saisi de crainte, sortait du temple pour redescendre la Voie Sacrée. Les blanches statues des héros et des Dieux veillaient toujours debout sur leurs piédestaux, dans la clarté lunaire, mais ils semblaient devenus des fantômes et la voie déserte s'étendait silencieuse sous la froide lumière de Séléné.

II. DÉMÉTER ET PERSÉPHONE — LE DIONYSOS DES MYSTÈRES ET LA TRAGÉDIE

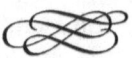

IV. — LA GRÈCE QU'ON NE VOIT PAS. DÉMÉTER ET PERSÉPHONE

Le génie grec a eu de tous temps et jusqu'à l'apogée de sa civilisation le sens spontané du rapport intime et direct qui existe entre la vie extérieure du monde et la vie intérieure de l'âme. Il ne sépare pas l'âme humaine du Cosmos et les conçoit comme un tout organique. Si le spectacle de l'univers réveille son monde intérieur, celui-ci lui sert à comprendre et à expliquer l'univers. De là le charme incomparable et la profondeur de sa mythologie, dont les fables grandioses enveloppent en se jouant les plus transcendantes vérités.

Malgré ce sentiment d'identité entre la nature et lame, il y a eu, dans les temps les plus reculés, deux religions distinctes en Grèce : celle des *Olympiens* ou des dieux célestes (Zeus, Junon, Apollon, Diane, Pallas, etc.) et celle des divinités infernales dites *chtoniennes* (Déméter, Perséphone, Pluton, Hécate, Dionysos). La première est la religion officielle et correspond au monde extérieur et visible ; la seconde est la religion des Mystères et correspond au monde intérieur de l'âme. C'est en quelque sorte la religion du dessous des choses, des réalités souterraines, c'est-à-dire intérieures, par laquelle s'ouvre la porte du monde invisible et de l'Au-delà. La première enseignait à révérer les Dieux selon les rites et les lois consacrées, la seconde introduisait dans leurs secrets redoutables et retrempait l'âme du myste aux sources primordiales. De là le nom de « Grandes Déesses » qu'on accordait seulement à Démêler et à Perséphone. Les savants d'aujourd'hui refusent d'admettre que cette religion des Mystères était en Grèce non seulement la plus sacrée, mais encore la plus ancienne. Ils la considèrent comme une fabrication tardive et artificielle, entée sur une mythologie purement naturaliste. Cette doctrine a contre elle les plus solennels témoignages de l'Antiquité elle-même, non seulement ceux des poètes, d'Homère à Sophocle, mais encore ceux des plus graves historiens, d'Hérodote à Strabon et des deux plus grands philosophes grecs, Platon et Aristote. Tous ils parlent des Mystères comme de la religion la plus haute et la plus sainte, tous ils les font remonter aux temps préhistoriques et parlent d'une antique religion sacerdotale qui régnait en Thrace, bien avant Homère, et dont témoignent les noms légendaires mais éloquents et significatifs de Thamyris, d'Amphion et d'Orphée. Les théories arbitraires des historiens et des mythologues modernes, qui raisonnent sous le joug d'idées matérialistes préconçues, ne sauraient prévaloir contre de telles autorités. Elles résistent moins encore à la poésie merveilleuse et suggestive qui se dégage de ces vieux mythes, quand on ose les regarder en face et s'inspirer de leur indestructible magie.

Déméter, dont le nom veut dire la mère divine, la mère universelle, était la plus ancienne des divinités grecques, puisque les Pélasges d'Arcadie l'honoraient déjà sous la figure d'une déesse à tête de cheval, tenant une colombe dans une main et un dauphin dans l'autre, signifiant par là qu'elle avait enfanté à la fois la faune terrestre, les oiseaux du ciel et les poissons de la mer. Elle correspondait donc à ce que nous nommons la Nature. Quand un homme d'aujourd'hui prononce le mot de Nature, si c'est un lettré, il se figure un paysage de mer, d'arbres ou de montagnes ; si c'est un savant, il voit des instruments de physique et de chimie, des télescopes et des alambics, il se représente des mouvements d'astres et des groupements d'atomes, il dissèque le cadavre du Cosmos dont il n'a qu'une conception mécanique, une idée morte, et remue sa poussière. Tout autre était le sentiment du Grec, en face du monde vivant. Ni la grossière idole pélasgique, ni le mot abstrait de nature ne peuvent nous donner une idée des sensations submergeantes qui envahissaient l'âme de l'Hellène au seul nom de Déméter. Ce n'est pas seulement la nature avec ses figures visibles, c'est tout le mystère de sa puissance créatrice et de ses perpétuels enfantements que le nom sacré éveillait en lui. Il retentissait dans son cœur comme l'écho d'une voix sonore dans une caverne profonde et l'enveloppait comme l'onde d'un fleuve. Déméter, c'était cette puissance qui revêt l'écorce terrestre de son luxe de verdure ; Déméter animait de sa vie les légions nageuses de la mer ; Déméter céleste, fécondée par Ouranos, luisait même dans le ciel étoilé aux millions d'yeux. N'était-elle pas la mère universelle et bienfaisante ? Et l'homme avait le sentiment d'être le fils légitime de cette mère. Ne lui avait-elle pas donné les fruits de la terre et le grain de blé ? Ne lui avait-elle pas enseigné avec la chaîne des saisons les rites de l'agriculture et les saintes lois du foyer ? Le culte de Déméter remonte aux temps primitifs de la race aryenne, où les trois courants aujourd'hui séparés, la Religion, la Science et l'Art n'en formaient qu'un seul et agissaient sur l'homme comme une même puissance. Cette puissance unique traversait alors l'âme humaine comme le torrent de la vie universelle et lui donnait le sentiment de sa propre vie totale. Civilisation unitaire, où tous les pouvoirs se joignaient dans la religion. Cette religion répandait ses rayons sur toutes les manifestations de la vie. Cette religion était forte, car elle donnait des forces et créait des formes. La Religion et l'Art ne constituaient qu'un seul tout, car l'Art était le culte et vivait avec sa mère, la Religion. Et cette Religion agissait puissamment sur les hommes ; elle était faite de telle sorte qu'à la vue de ses rites, à la voix de ses prêtres, la science des Dieux s'éveillait dans le cœur des hommes. Voilà pourquoi, lorsque le Grec primitif déposait une gerbe de blé ou une couronne de fleurs sauvages sur l'autel de Déméter, sous un ciel lumineux, il éprouvait la joie d'un enfant que sa mère prend sur ses genoux, qui s'abreuve d'amour dans ses yeux et boit la vie dans sa caresse frémissante et douce.

Mais le Grec primitif savait aussi que de cette grande Déméter était née une fille mystérieuse, une vierge immortelle. Et cette fille n'était autre que l'âme humaine, descendue de la lumière céleste par d'innombrables générations et d'étranges métamorphoses. Il savait que, séparée de sa mère par l'inéluctable fatalité et la volonté des Dieux, elle était destinée à la rejoindre périodiquement à travers le labyrinthe de ses morts et de ses renaissances, de ses voyages multiples, du ciel à la terre et de la terre au ciel. Il le savait par un sentiment profond et irréfragable, il le percevait quelquefois par la vision de sa propre âme objectivée, reflétée comme dans un miroir. De là, le mythe émouvant de Perséphone, qu'on a pu nommer le drame primordial, la tragédie de l'âme qui se partage entre la terre, l'enfer et le ciel, et qui résume toutes les tragédies humaines en trois actes saisissants : la naissance, la mort et la résurrection. Los flammes dévorantes du désir, les ténèbres et les terreurs de l'oubli, la splendeur poignante du divin ressouvenir y épuisaient toutes les souffrances, toutes les joies de la vie terrestre et supramondaine.

Rappelons-nous l'hymne homérique à Déméter. Cérès a laissé sa fille Perséphone sur une prairie, au bord de l'Océan, en compagnie des nymphes, âmes élémentaires, primitives et pures comme elle-même. Elle lui a recommandé de ne pas cueillir le narcisse, la fleur tentatrice, création dangereuse d'Éros, qui cache un désir subtil sous sa blancheur étoilée et dont le parfum violent efface le souvenir céleste. Malgré les supplications des nymphes, Perséphone se laisse tenter par la fleur magique, jaillie du sol, qui tend vers elle ses pétales de neige et lui ouvre son cœur d'or. Elle la cueille et respire longuement le baume enivrant qui alourdit les sens et obscurcit la vue. À ce moment, la terre se fend ; Pluton en sort, saisit la vierge et l'emporte sur son char attelé de dragons. Le char rapide vole sur la surface de l'Océan. Perséphone éperdue voit fuir la terre, la mer et le ciel, puis s'engloutit avec son ravisseur dans une crevasse du Tartare. Image incisive de l'âme qui perd le souvenir divin par l'incarnation. Cette scène, que l'hymne homérique dépeint à grands traits, était représentée dès les temps anciens, dans la saison d'automne par une figuration sommaire. Les femmes se rendaient ensuite sur un promontoire, au bord de la mer, et se livraient à des lamentations funèbres sur la perte de Perséphone et sa descente aux enfers. La famille des Eumolpides, dont le fondateur Eumolpos fut probablement initié en Égypte, qui fonda les mystères d'Éleusis et en garda héréditairement le privilège pendant plus de mille ans, s'empara de ce mystère rural et en développa l'organisation dans une série de cérémonies et de représentations dramatiques. Le rôle de Déméter était régulièrement tenu par la grande prêtresse, femme de l'hiérophante, et celui de Perséphone par une jeune prophantide élue pour la fête tragique. Déméter était le personnage principal et prononçait seule avec l'hiérophante, qui représentait Zeus, les paroles sacramentelles. Le rôle de Perséphone n'était joué que par une pantomime muette mais expressive. Comme dans la tragédie postérieure, les chœurs prenaient une place importante dans le drame sacré, chœurs de nymphes, de démons, d'ombres et d'âmes bienheureuses. Dans les actes suivants, on assistait au désespoir de Déméter, à ses vaines recherches, jusqu'au moment où Hécate, la déesse des métamorphoses, lui révèle le destin de sa fille, consenti par Zeus. On voyait ensuite Perséphone, captive au Tartare, trônant auprès de Pluton, au milieu des démons et des ombres, et finalement son retour auprès de sa mère, aux demeures olympiennes, accompagné de l'hymne des héros glorifiés. Devant ces scènes diverses, le spectateur d'Éleusis éprouvait un mélange de sensations humaines et divines qui le bouleversaient et le ravissaient tour à tour. Par la magie de la parole et de la musique, évoquant l'Invisible en formes plastiques, par la beauté des décors et des gestes impressifs, il passait du tapis fleuri de la terre aux rouges ténèbres de l'Achéron et au limpide éther des régions ouraniennes. En contemplant la pâle reine des morts, couronnée de narcisses, blanche sous son voile violet, ouvrant ses grands yeux pleins de larmes et, de ses bras étendus, cherchant inconsciemment sa mère absente, puis retombant sur son trône, sous le sceptre de son terrible époux, et fascinée, vaincue, buvant dans une coupe noire le suc de la grenade qui lie invinciblement ses sens au monde inférieur, — le Grec croyait voir sa propre âme et sentait la nostalgie de la voyance perdue, de la communion directe avec les Dieux.

Par un sentiment d'une admirable profondeur et d'une délicatesse infinie, la Grèce avait conçu Perséphone, l'âme immortelle, comme restant éternellement vierge dans ses migrations intermondiales, malgré les étreintes de Pluton et les flammes des passions infernales, qui l'enveloppent sans la corrompre. Pluton a beau lui faire goûter la pulpe rouge de la grenade, qui symbolise le désir charnel et qui, une fois savouré, engendre les renaissances multiples de ses graines innombrables ; il a beau la presser dans ses bras noirs et la brûler de son manteau de feu, elle demeure l'Impénétrable et l'Intangible, tant qu'elle conserve en son tréfonds l'empreinte divine, germe de sa libération finale, l'image sacrée, le souvenir de sa mère. Voilà pourquoi *Perséphone*, celle qui traverse les abîmes, est aussi appelée *Sotéira*, celle qui sauve.

On reçoit un vague reflet de ces émotions sublimes devant le bas-relief d'Éleusis conservé au musée d'Athènes et dont une reproduction se trouve à l'École des Beaux-Arts de Paris. La grave Déméter remet à Triptolème adolescent, le fondateur éponyme du temple d'Éleusis, le grain de blé symbolique de l'immortalité, pendant que la chaste Perséphone, placée derrière lui et armée du flambeau des Mystères, le couronne en posant l'index sur le sommet de sa tête pour lui instiller la vérité divine. Tout est religieux dans ces figures si nobles sous leurs plis archaïques, la majesté calme de la mère des Dieux, le profil attendri de sa fille, le redressement ému et digne du jeune myste. Le simple bon sens indique que nous sommes là en présence d'une scène d'initiation de la plus haute signification. Dire pourtant qu'il s'est trouvé des mythologues qui ne voient en Déméter que la déesse de l'agriculture et en sa fille qu'un rébus du printemps* ! Dieu merci, on

---

* La signification transcendante de Perséphone ressort lumineusement de sa légende pour ceux dont le fanatisme matérialiste n'a pas bouché les yeux et les oreilles. Le culte qu'on lui rendait le prouve avec non moins d'éloquence. C'est ainsi qu'à sa fête, au prin-

se doute aujourd'hui que les mystères d'Éleusis sont autre chose qu'un concours agricole, agrémenté d'un discours de préfet et d'une manifestation électorale, — ce qui représente sans doute la civilisation idéale pour ceux qui voudraient en extirper le sens du divin.

V. — LE DIONYSOS DES MYSTÈRES

Avec Déméter et Perséphone, nous avons touché le fond psychique primitif des mystères d'Éleusis. Pour atteindre leur fond intellectuel et cosmogonique, il nous faut regarder jusqu'au cœur le Dieu voilé qu'on y introduisit à une certaine époque et dont les Eumolpides firent à la fois l'arcane de leur doctrine et le couronnement du drame sacré. En fixant Dionysos d'une contemplation intense, nous trouverons en lui non seulement la cheville ouvrière de toute la mythologie, mais encore la force impulsive de toute l'évolution grecque.

Le génie hellénique a résumé sa conception de l'univers en quatre grands Dieux, qui sont des forces cosmiques éternelles. Ils se nomment Zeus, Poséidon, Pluton et Dionysos. Ces quatre grands Dieux se retrouvent dans la constitution de l'homme, qui les recrée en les reflétant et qui ne pourrait pas les comprendre s'il ne les portait pas en lui-même tous les quatre.

Quand l'Hellène, pour qui tous les mouvements de la Nature étaient des gestes de l'Esprit, contemplait les phénomènes de l'atmosphère, les nuances du jour à travers le prisme de l'azur et des nuages, l'aurore et le couchant, l'éclair suivi de la foudre et le miracle étincelant de l'arc-en-ciel, il se sentait transporté dans l'aura supérieure de son être, et il prenait tous ces signes pour les messages et les pensées d'un Dieu. Car, comme la pensée jaillit du fond de l'âme, ces signes jaillissaient du fond de l'univers pour lui parler. — Or, ce Dieu du ciel et de l'atmosphère, il l'appelait Zeus. Pareils à l'espérance, à la colère

---

temps, on couronnait de fleurs les tombeaux des morts. Quoi de plus clair ? Avec la floraison terrestre, les mystères célébraient le revoir de Perséphone et de sa mère et le retour des âmes au ciel.

et à la joie, qui sillonnaient son être, l'aurore, la foudre et l'arc-en-ciel manifestaient les pensées de Zeus.

Tout autre était l'impression que produisait sur lui l'Océan. Surface changeante, mobile, caméléonesque, aux mille couleurs, profondeur lourde et trompeuse, cet élément incertain, capricieux et fantasque, enveloppant la terre et s'insinuant dans tous les golfes, semblait un réservoir de rêve et d'apathie. Mais, au moindre souffle du ciel, ce dormeur devenait terrible. Aussitôt le vent déchaîné et c'était la tempête furieuse. Et pourtant, de l'Océan, père des fleuves, venait toute la vie de la terre. — Ce Dieu, le Grec l'appelait Poséidon. Il le sentait pareil au sang qui coulait dans ses propres veines, à cette vie cachée où sommeillait sa mémoire profonde, mais que fouettaient et que soulevaient jusqu'au ciel toutes les passions d'en haut et d'en bas.

Non moins forte était l'impression que donnait au Grec l'aspect du sol terrestre, hérissé de roches et de montagnes, ou celle qu'il éprouvait en descendant dans les cavernes, ou en voyant la bouche des volcans vomir un feu liquide. Il recevait alors une sensation de solidité, de concentration et de puissance. Il se figurait l'intérieur de la terre, la couche du Styx, plus froide que la mort, la couche brûlante du feu et le centre magique d'attraction qui retient le globe en une masse compacte. Or ce pouvoir, le Grec l'appelait Pluton. Il faisait de Pluton le centre de gravité du Cosmos, comme il sentait dans son propre corps le centre de gravité de son être, qui absorbe et condense les forces centrifuges.

Zeus, l'aura astrale du monde ; Poséidon, son corps vital ; Pluton, son corps physique, voilà constituées, par la seule vertu de l'intuition contemplative, la Trinité cosmique et la trinité humaine. Mais il y manquait encore l'essentiel : le principe organique, l'esprit créateur, qui joint les parties en un tout homogène, qui les pénètre de son souffle et y fait circuler la vie. — Il y manquait la conscience, *le Moi*. Or, pour les Grecs, *le moi cosmique* d'où sort *le moi humain*, le Dieu en action dans l'univers, — c'était Dionysos.

Selon la tradition des sanctuaires, ce fut Orphée, un Dorien de Thrace, initié en Égypte, mais inspiré par le génie de son peuple et par son Daïmôn, qui fonda les Mystères de Dionysos et répandit son culte en Grèce. Orphée était le fils d'une prêtresse d'Apollon. Né dans l'enceinte d'un temple cyclopéon, dominant un océan sauvage de forêts et de montagnes, ayant traversé victorieusement les épreuves redoutables de l'initiation thébaine, il avait bu aux sources les plus hautes le mâle sentiment de l'unité divine, de la spiritualité transcendante du Dieu souverain. Mais, si parfois son cerveau se glaçait sous les effluves de l'Ether divin, son cœur brûlait, comme un volcan, d'un immense amour pour l'Éternel-Féminin qui se manifeste dans les formes multiples de Déméter-Adama, de la Grande-Mère, de l'éternelle Nature. Fleurs, arbres, animaux, autant de fils et de filles de cette Déméter, conçus, formés par Elle, sous l'influx et la pensée des Dieux. Et dans la Femme, — qu'il regardait du fond de son sanctuaire intérieur, — Orphée contemplait la divine Perséphone, la grande souffrante, aux regards tendres ou farouches. La double intuition simultanée qu'il avait de l'Éternel-Masculin et de l'Éternel-Féminin, dont l'œuvre est l'univers, s'exprime dans ce vers que lui attribue Onomacrite :

Jupiter est l'Époux et l'Épouse éternels.

Pénétré de cette double révélation, Orphée se jura à lui-même qu'il ferait descendre les splendeurs d'Ouranos, avec tous ses Dieux, dans les chaudes profondeurs et dans les abîmes de cette nature, dont il contemplait, à ses pieds, les vallées sinueuses et le dédale verdoyant. Il lui sembla qu'ainsi les Dieux deviendraient plus humains et la terre plus belle. Orphée tenta cette œuvre. Il fut la lyre vivante et la bouche d'or, par laquelle le torrent des Dieux se déversa sur la Grèce en vagues dionysiaques, pour en faire le temple de la Beauté. Mais, pour accomplir son dessein, il eut à vaincre la férocité des rois Thraces et la horde dangereuse des Bacchantes-prêtresses.

Les Bacchantes furent les druidesses de la Thrace préhistorique. Elles adoraient un Dieu à tête de taureau, qu'elles appelaient Bacchus. La grossière idole de bois symbolisait les forces génératrices de la nature et l'instinct brutal. Elles lui offraient des sacrifices sanglants et le célébraient en rites luxurieux. Par la magie du sang et de la volupté, elles séduisirent les rois barbares et les soumirent à leur culte lubrique et cruel. Orphée les dompta à force de charme, de mélodie et de grâce. Aux Bacchantes fascinées, aux chefs barbares adoucis, il imposa le culte des Olympiens. Il leur enseigna les Dieux du ciel : Zeus, Apollon, Artémis et Pallas. Il leur parla de Poséidon, le roi de la mer et des tempêtes, et de Pluton, le juge sévère des morts, qui règne dans le Tartare. Instruit des hiérarchies divines, il mit dans le chaos des divinités helléniques l'ordre, la clarté, l'harmonie. Ce fut la religion populaire.

Mais à ses disciples, à ses initiés, Orphée enseigna des choses plus profondes et, plus émouvantes, — les merveilles cachées de Dionysos ! Dionysos, leur disait-il, est le Bacchus céleste, le générateur puissant qui traverse tous les règnes de la nature pour s'incarner et s'accomplir dans l'homme. Et, pour mieux leur faire comprendre sa pensée, il leur racontait une histoire, un songe qu'il avait eu : « Zeus, sous la forme du serpent astral, s'était uni à l'âme du monde, conçue comme la Vierge incréée et appelée du même nom que Perséphone (Korè). Leur enfant divin, destiné à la domination universelle, portait le nom de *Dionysos-Zagreus*, ou Dionysos déchiré et morcelé. Un jour, l'enfant divin se regardait dans un miroir et restait perdu dans la contemplation de son image charmante. Alors les Titans (les éléments déchaînés ou forces inférieures de la nature) se jetèrent sur lui et le lacérèrent en sept morceaux, qu'ils firent bouillir dans un immense chaudron. Minerve-Pallas (la sagesse divine, née de la pure pensée de Zeus) sauva le cœur de Dionysos et le rapporta à son père. Zeus le reçut dans son sein, pour générer un nouveau fils, et foudroya les Titans. De leurs corps brûlants, mêlés aux vapeurs sorties du corps lacéré de Dionysos, est née l'humanité. Mais de la partie la plus pure de Dionysos, de son cœur, replongé et refondu dans le sein éthéré de Jupiter, naissent les génies et les héros. De lui naîtra aussi le nouveau Dionysos, dans lequel les âmes éparses dans l'univers reconnaîtront leur divin modèle. Ainsi le Dieu, morcelé dans l'humanité souffrante, retrouvera son unité radieuse en Dionysos ressuscité.

Par ces images parlantes, par ce rêve plastique, Orphée essayait de faire comprendre à ses disciples la double origine à la fois terrestre et céleste de l'homme, sous l'action des puissances cosmiques, la multiplicité de ses incarnations successives et la possibilité de son retour à Dieu dans une splendeur et une beauté sans tache. Telle la conception centrale de la doctrine des Mystères grecs. Comme une torche éclatante, allumée au fond d'une caverne tortueuse, en éclaire les parois obscures et les anfractuosités profondes, le mystère de Dionysos éclaira tous les autres mystères. Il effrayait les faibles, mais les forts y trouvaient le courage, la joie de la lutte, l'indestructible espérance. Des cultes somptueux, des philosophies lumineuses devaient naître plus tard de cette révélation. Nous verrons tout à l'heure la tragédie en sortir, armée de pied en cap, comme Minerve de la tête de Jupiter.

Ainsi se constitua, d'un côté, la religion publique des Olympiens ; de l'autre, la religion secrète des Mystères ; la première pour la foule, la seconde pour les initiés. Elles ne se contredisaient pas mais s'expliquaient réciproquement. La religion cachée était le dessous, l'organisme interne de la religion extérieure et celle-ci la surface colorée, l'expression plastique de l'autre sur le plan physique.

La légende, peut-être symbolique, peut-être réelle, raconte qu'Orphée eut le sort de son Dieu et mourut déchiré par les Bacchantes, comme son Dionysos morcelé par les Titans. Elles se seraient vengées ainsi de son amour persistant pour l'épouse unique, pour Eurydice, la morte aimée, et du même coup elles auraient réalisé ironiquement son mystère dans leur culte sanglant. Tradition suggestive. Ivres du sang des mâles, les Bacchantes n'aiment pas les amants de l'âme et les tuent quand elles peuvent. Peut-être aussi en voulurent-elles au fils d'Apollon d'avoir réveillé, pour un moment, en elles-mêmes, la dormante Perséphone, et d'avoir dédaigné leurs beaux corps tachetés de leurs nébrides, quand elles passaient sous les bois touffus de la Thrace avec leurs bras enroulés de serpents. Quoi qu'il en soit, Orphée mourant eut la certitude que la Grèce sacrée vivrait de son souffle, —

et sa tête coupée, emportée par le fleuve avec sa lyre encore frémissante, est vraiment l'image de son œuvre.

Les Eumolpides devaient enrichir leur initiation et leur culte de la doctrine et de la tradition orphique. Elles venaient compléter leurs mystères par une large conception cosmique et une spiritualité plus haute. Cela advint sans doute vers le sixième siècle avant notre ère, au même moment où le culte populaire et orgiastique de Bacchus, refluant de Phrygie comme une onde de folie, bouleversait l'Hellade, semant à Thèbes, jusque sur les hauteurs du Cithéron et du Parnasse, des cortèges délirants d'hommes et de femmes, brandissant des thyrses et couronnés de pampres, suscitant du même coup un lyrisme passionné, inconnu au temps d'Homère, et une musique troublante, au bourdonnement du tambour et aux appels aigus de la double flûte, tandis que retentissait partout ce cri : Évios ! Évohé ! qui semblait vouloir évoquer du fond des bois et des antres de la montagne le Dieu de la vigne et de la joie. Ce fut pour endiguer ce mouvement et lui opposer une initiation plus haute, que les prêtres d'Éleusis adoptèrent le Dionysos orphique et le firent entrer dans le culte des Grandes Déesses. En même temps, la discipline devint plus sévère, et l'enseignement des initiés s'approfondit.

La religion d'Éleusis ne comprenait pas seulement les cérémonies, les représentations et les fêtes périodiques. À l'époque de sa floraison, avant les guerres médiques, l'essentiel des Mystères consistait dans les enseignements de la sagesse secrète. On la communiquait aux mystes qui venaient pour un temps habiter dans l'enceinte du temple. On poursuivait l'entraînement psychique par des jeûnes, des méditations sur la nature de l'âme et des Dieux, par la claire concentration de la pensée avant le sommeil et au réveil, afin de garder l'impression nette des rêves dont l'homme ordinaire ne se souvient que rarement. Le but de cette initiation était de faire du *myste* (de celui qui porte un voile) un *épopte* (c'est-à-dire un voyant) et de lui faire voir Dionysos. Mais Dionysos était un Dieu multiple, un Dieu fractionné dans l'humanité entière et qui se manifestait d'une façon diverse à chaque disciple. À Éleusis, on en connaissait trois, qui représentaient trois degrés de l'initiation. Le premier, accessible seulement à l'intelligence abstraite, était celui d'Orphée, le Dionysos-Zagreus, morcelé dans tous les êtres. On disait au myste débutant : « Sache que l'Esprit suprême, le Moi divin s'est sacrifié pour se manifester et s'est fragmenté dans les âmes innombrables. Il vit et il souffre, il respire et il aspire en toi comme dans les autres. Le vulgaire ne le connaît pas, mais il s'agit pour l'initié de reconstituer sa totalité en lui-même. Cela ne se fait pas en un jour. Regarde en toi-même jusqu'au fond, cherche-le et tu le trouveras. » Le myste se recueillait, méditait, regardait en lui-même, et ne trouvait rien. D'habitude il ne pouvait comprendre ce Dieu partout répandu, à la fois un et multiple, sublime et vil, puissant et misérable. C'était la première épreuve, la plus légère, mais déjà torturante, celle du doute de l'âme devant les contradictions insolubles de la raison non illuminée. L'hiérophante disait au myste déconcerté : « Apprends à comprendre la nécessité de la contradiction qui est au fond de toute chose. Sans souffrance il n'y aurait pas de vie, sans lutte pas de progrès, sans contradiction pas de conscience. Dionysos resterait à jamais caché dans le sein de Zeus, et toi-même tu ne serais qu'une goutte d'eau dissoute dans une nébuleuse. Il fut un temps, il est vrai, le temps lointain de l'Atlantide, où l'homme primitif était encore si mêlé à la nature qu'il *voyait* les forces cachées dans les éléments, et conversait avec elles. Les Égyptiens ont appelé ce temps celui des Schésou-Hor, où les Dieux régnaient sur la terre. Alors Dionysos, quoique morcelé dans les hommes, était encore uni dans leur conscience. Car les hommes de cette époque étaient voyants et les Dieux. vivaient avec eux en formes éthériques, changeantes et de toute espèce. — Il y eut une autre époque beaucoup plus près de la nôtre, où l'esprit divin s'incarna dans ceux que nous appelons les Héros. Ils se nommaient Hercule, Jason, Cécrops, Cadmus, Thésée et beaucoup d'autres. Parmi ces hommes divins, qui fondèrent nos cités et nos temples, il y en eut un qui partit de la Grèce pour conquérir l'Inde et revenir par l'Arabie et l'Asie Mineure en Thrace, avec son étrange cortège, en répandant partout le culte de la vigne et de la joie. Nous l'appelons *le second Dionysos*. Celui-là n'est pas né de la Déméter céleste, de la lumière incréée, comme le premier, mais d'une femme mortelle que les Grecs nomment Sémélé. Celle-ci, d'un désir téméraire, demanda à voir son Dieu dans toute sa splendeur et mourut foudroyée de son contact. Mais, de l'étreinte du Dieu inconnu, elle avait conçu un enfant divin. Apprends maintenant ce que nous enseigne cette aventure. Si l'homme d'aujourd'hui demandait à voir brusquement, avec ses yeux physiques, les Dieux, c'est-à-dire le dessous du monde et les puissances cosmiques, parmi lesquelles l'Atlante se mouvait naturellement parce qu'il était autrement organisé, l'homme d'aujourd'hui ne pourrait supporter ce spectacle effrayant, ce tourbillon de lumière et de feu. Il mourrait foudroyé, comme l'amante du Dieu, la trop brûlante Sémélé. Mais le fils de l'audacieuse mortelle, ce Dionysos, qui marcha jadis sur la terre comme un homme en chair et en os, vit toujours dans le monde de l'esprit. C'est lui le guide des initiés, c'est lui qui leur montre le chemin des Dieux ! Persévère… et tu le verras ! »

Or il arrivait qu'une nuit, dormant dans sa cellule du temple d'Éleusis, le myste faisait un rêve et voyait passer devant lui le Dieu couronné de pampres avec sa suite de Faunes, de Satyres et de Bacchantes. Chose étrange, ce Dionysos n'avait nullement les traits réguliers d'un Olympien, mais plutôt la face d'un Silène. Pourtant de son front sublime et de ses yeux jaillissaient des éclairs de voyance et des rayons d'extase, qui trahissaient sa nature divine. et le myste se disait : « Si un demi-dieu a eu cette forme, qu'ai-je été moi-même et que suis-je encore avec toutes mes passions ? » Alors il voyait se tordre devant lui une sorte de monstre, mélange de taureau, de serpent et de dragon furieux, qui le remplissait d'épouvante. Et cependant une voix intérieure lui criait implacablement : « Regarde bien, ceci c'est toi-même ! »

S'il racontait sa vision à l'hiérophante, celui-ci répondait : « Tu as trouvé Dionysos et il t'a fait voir *le gardien du seuil*, c'est-à-dire ton être intérieur, celui que tu as été dans tes nombreuses incarnations précédentes et que tu es encore en partie Il faut apprendre à supporter la vue du monstre, à le connaître, à le museler et à l'asservir. Si tu n'enchaînes pas ton Cerbère, tu n'entreras pas au pays des ombres, tu ne descendras pas dans le Hadès ! » Beaucoup de mystes se révoltaient contre cette idée et la repoussaient avec indignation, s'en moquaient même. Ils ne consentaient pas à se reconnaître dans le monstre et s'en détournaient avec horreur. Ils prouvaient ainsi leur inaptitude aux méthodes d'Éleusis et devaient renoncer à poursuivre leur initiation. Ceux au contraire qui se familiarisaient avec cette sorte de phénomènes en saisissaient de mieux en mieux le sens et le but. Le second Dionysos devenait leur instructeur et leur découvrait, en soulevant voile après voile, des secrets de plus en plus merveilleux. Au cœur du monde des Dieux, qui s'ouvrait pour eux par le dedans, comme une limpide aurore, quelques rares élus parvenaient à voir *le troisième Dionysos**. C'était en réalité le premier Dionysos (celui déchiré par les Titans, c'est-à-dire morcelé dans les êtres et fractionné dans les hommes) maintenant reconstitué et ressuscité dans une harmonie supérieure et une sorte de transfiguration. L'épopte avancé percevait ainsi l'archétype humain sous sa forme grecque, parvenu à la plénitude de la conscience et de la vie, modèle divin d'une humanité future. Ce Dionysos-là était d'une beauté parfaite et translucide, dont le marbre de Praxitèle peut nous donner un pressentiment. Une sueur ambrosienne perlait sur son corps moulé dans l'éther. On eût dit qu'une Déméter céleste avait bouclé ses cheveux d'or, et la flamme triste et douce de ses yeux semblait répondre à la langueur de quelque Perséphone lointaine. Ah ! ce regard de Dionysos mesurant l'immensité du chemin parcouru, l'épopte pouvait-il l'oublier ? Ce regard contenait tout le reste. Absorbé en lui, l'initié voyait en même temps les panthères et les lions dociles léchant les mains du Dieu et des serpents lumineux roulés à ses pieds dans une végétation luxuriante.

Son souffle magique animait la nature, et la nature assouvie respirait en lui… N'était-ce pas celui dont Orphée avait dit : « Les Dieux sont nés de son sourire et les hommes de ses larmes ? »

---

* On le célébrait officiellement sous le nom de *Iakkos* dont on portait la statue en grande pompe d'Athènes à Éleusis, le neuvième jour des fêtes avant *la nuit sainte*. Le Dieu Iakkos était représenté par une statue d'enfant parce qu'on le considérait comme un Dieu renaissant et en voie de croissance.

— Alors, la voix intérieure disait au myste devenu voyant : « Un jour… peut-être… tu lui ressembleras… »

Nous venons de pénétrer au cœur du phénomène dionysiaque. De ce centre incandescent rayonnaient les autres phénomènes mystiques de vision et d'extase qu'on traversait par la discipline éleusinienne. De toutes ces expériences émanait la doctrine religieuse, qui, sous forme d'images parlantes et de puissants raccourcis, reliait la destinée humaine à la vie cosmique. Il s'agissait donc, non de théories abstraites, mais, comme le dit parfaitement Aristote, d'une philosophie expérimentale, émotionnelle, fondée sur une série d'événements psychiques. Les fêtes périodiques d'Éleusis, qui se terminaient par des phénomènes d'un autre genre, que Porphyre a décrits, n'étaient que la mise en scène somptueuse, une transposition dramatique de ce que les mystes et les époptes avaient traversé individuellement dans leur initiation. Nous savons que le drame, représenté dans le temple, se terminait par le mariage symbolique de Perséphone avec le Dionysos ressuscité, union qui portait le nom de ἱερὸς γάμος (hieros gamos) (mariage sacré). Il extériorisait en quelque sorte le phénomène intérieur déjà vécu par les époptes. L'initié avait voyagé dans l'autre monde en plongeant aux abîmes de sa subconscience. Dans ce Hadès, il avait trouvé les monstres du Tartare avec tous les Dieux : Déméter (la mère primordiale), Perséphone (l'âme immortelle) et Dionysos (le Moi cosmique, l'Esprit transcendant) évoluant vers la vérité à travers toutes ses métamorphoses. Maintenant il revivait ces choses agrandies par l'art, dans une assemblée d'âmes accordées au même diapason que la sienne. Quel éblouissement, quelle renaissance de découvrir en soi-même les puissances que l'univers visible nous dérobe sous son voile et d'en saisir le ressort ! Quel bonheur de prendre conscience de ses rapports intimes avec le Cosmos et de sentir comme un fil invisible monter de son propre cœur, à travers les autres âmes, jusqu'au Dieu insondable !

Comme toutes les institutions religieuses, les mystères d'Éleusis eurent leur floraison, leur maturité et leur déclin. Après les guerres médiques et les excès de la démocratie, ils se banalisèrent en ouvrant leur porte à la foule. On cessa d'exiger les épreuves sérieuses, la discipline s'affaiblit, les pompes extérieures finirent par remplacer l'initiation proprement dite, mais le spectacle réglé par les Eumolpides ne perdit jamais son charme unique. Aussi n'y a-t-il qu'une voix dans l'Antiquité pour célébrer la grandeur, la sainteté et les bienfaits d'Éleusis. Il est bon de rappeler ces témoignages que néglige la critique moderne parce qu'ils la dérangent dans son ornière. Écoutons d'abord le vieux rhapsode dans l'hymne homérique à Déméter. Il parle de ces « orgies sacrées qu'il n'est permis ni de négliger, ni de sonder, ni de révéler, car le grand respect des Dieux réprime la voix, » et il ajoute : « Heureux qui est instruit de ces choses parmi les hommes terrestres ! Celui qui n'est point initié aux choses sacrées et qui n'y participe point, ne jouit jamais d'une semblable destinée, même mort, sous les ténèbres épaisses. » Le plus grand des lyriques grecs, Pindare, s'écrie : « Heureux ceux qui ont été initiés aux Mystères, ils connaissent l'origine et la fin de la vie. » Le voyageur Pausanias, qui a parcouru et décrit tous les sanctuaires, s'arrête respectueusement devant celui d'Éleusis. Il avait eu l'intention de le décrire. Malheureusement pour nous, il en fut empêché par un songe, mais sa conclusion est significative et vaut peut-être une description : « Autant, dit-il, les Dieux sont au-dessus des hommes, autant les Mystères d'Éleusis sont au-dessus de tous les autres cultes. »

Est-ce à dire que l'institution des Eumolpides fut sans danger pour les cités grecques et pour la civilisation hellénique ? Pareil à l'électricité positive qui développe l'électricité négative à son pôle opposé, tout centre mystique met en mouvement dans une certaine périphérie des forces hostiles qui refluent sur lui comme une marée montante. Les cultes orgiastiques populaires, qui périodiquement envahirent la Grèce, les associations de Corybantes et de Ménades en sont un exemple. Les Eumolpides le savaient bien et prévinrent le danger en redoublant la sévérité de leur discipline et en édictant, d'accord avec l'Aréopage d'Athènes, la peine de mort contre quiconque violerait le secret des Mystères. Le danger n'en existait pas moins, car des bribes mal comprises des doctrines et des représentations éleusiniennes transpiraient, en dépit de toutes les précautions, et circulaient dans le public

sous d'étranges travestissements. On comprend d'autant mieux la crainte des prêtres d'Apollon et des archontes d'Athènes devant ces profanations, qu'elles atteignaient la religion hellénique tout entière. Une grossière et fausse interprétation des doctrines secrètes menaçait la croyance aux Dieux et, avec elle, l'existence même de la cité antique.
— *Eskalo Bebeloï* ! Arrière les profanes ! criait le héraut d'Éleusis venu à Athènes pour l'ouverture des grandes fêtes d'automne. N'empêche que les profanes se redisaient entre eux des choses singulières. On racontait entre autres que, dans l'intérieur du temple d'Éleusis aux colonnes de basalte, dans la chapelle d'Hécate, lieu ténébreux aussi redoutable que le Tartare, l'hiérophante, à la lueur des flambeaux, prononçait des sentences sacrilèges comme celles-ci : 1° L'homme est le collaborateur des Dieux. 2° L'essence des Dieux est immuable, mais leur manifestation dépend des temps et des lieux, et leur forme est en partie l'œuvre des hommes. 3° Enfin les Dieux eux-mêmes évoluent et changent avec tout l'univers.

« Eh quoi ? disaient en style aristophanesque les sophistes et les élégants des stades et des gymnases, l'homme, créature des Immortels, serait leur égal ? Et les Dieux, pareils aux histrions, ont un vestiaire et changent à tout instant de costume pour nous tromper ? Enfin les Dieux évoluent selon le caprice humain ? Alors c'est lui qui les fabrique ; autant dire qu'ils ne sont pas. » Ces discours subversifs, ces bavardages frivoles dont les esprits superficiels ont criblé de tous temps les mystères de la religion et les concepts de la haute sagesse, étaient faits cependant pour effrayer les gouvernants de toutes les villes grecques. Dans cette incrédulité railleuse il y avait de quoi ébranler le Dieu d'Olympie, le Zeus d'ivoire et d'or, ciselé et fondu par Phidias, aussi bien que la Pallas géante, la Vierge divine, aux yeux de pierres précieuses, debout dans la cella du Parthénon, appuyée sur sa lance et tenant dans sa main la Victoire ailée. Aussi les Eumolpides redoublaient-ils de vigilance et l'Aréopage de sévérité. La peine de mort contre les divulgateurs et les profanateurs fut rigoureusement appliquée.

Malgré tout, les idées d'Éleusis allaient leur chemin de par le monde. Nous allons en voir sortir, comme par contrebande et d'une manière tout à fait imprévue, le plus merveilleux et le plus vivant des arts, le théâtre grec, ancêtre du théâtre moderne. La tragédie, en effet, ne fut pas autre chose, à l'origine, qu'une évadée des Mystères et une intruse dans la cité. Ce phénomène si curieux et tellement significatif, que toute l'énigme de la vie et de l'évolution s'y joue en quelque sorte dans les coulisses, a été trop mal compris jusqu'à ce jour pour qu'il ne soit pas nécessaire d'y insister.

VI. — LES DESSOUS DE LA TRAGÉDIE

Parallèlement aux mystères de Déméter, de Perséphone et de Dionysos, qui remontent dans la nuit des temps, le culte populaire de Bacchus ne cessa d'enchanter et de troubler la Grèce. Corybantes délirants en Phrygie, Ménades échevelées à Thèbes, Satyres joyeux en Attique, autant de manifestations diverses et irrésistibles de l'enthousiasme pour les forces cachées de la nature, à travers lesquelles transparaissaient souvent certains secrets des sanctuaires. Ceux-ci firent leur possible pour les enrayer. Mais les forces dionysiaques une fois déchaînées ne se maîtrisent pas aisément. Des paysans de Mégare entendirent raconter que le Dieu Bacchus avait été jadis mis en pièces par les Titans et qu'il s'était tiré de cette mésaventure en ressuscitant, comme le raisin ressort chaque année du cep de vigne et le vin clair de la cuve mousseuse. Le tragique, le mystérieux et le piquant de l'histoire les charma. Un obscur pressentiment leur disait-il que cette fable renferme le secret des mondes ? On leur avait dit aussi que, dans les Mystères, Bacchus avait pour compagnon des Satyres. À la fois dévots et malins, ils imaginèrent de se déguiser en ces êtres hybrides, chèvre-pieds et Faunes cornus et de célébrer dans cet accoutrement le Dieu par des chants enthousiastes, au son des flûtes, des bombyces et des tambours. Ce fut le *dithyrambe*, qui se répandit bientôt dans toute la Grèce. Mais voici qu'un poète rural, imprésario hardi, Thespis, imagina de monter sur des planches, de représenter lui-même le Dieu en personne au milieu d'un chœur de Satyres, qui répondait en strophes rythmées à ses récits tristes ou gais. La tentative eut un succès prodigieux. Aussitôt un autre poète, Susarion, railleur égrillard, l'imita, mais au lieu de représenter le côté sérieux de la fable, il en fit ressortir tous les détails risibles qu'on peut lui trouver en la transposant dans la réalité quotidienne. De ce jeu venaient de naître du même coup la tragédie et la comédie.

L'essence psychique de ce phénomène, le plus surprenant de l'histoire de l'art et le plus fécond en conséquences, mérite d'être pénétré. Le Satyre représente dans la mythologie grecque l'homme primitif, à la fois plus voisin de la bête et plus près des Dieux, parce qu'il est encore en communion instinctive et directe avec les forces divines de la nature. En lui se déchaîne l'énergie sexuelle, pour laquelle les Grecs avaient une sorte de respect religieux comme pour une puissance créatrice ; mais en lui se manifeste aussi une divination spontanée, avec des fusées de sagesse et des lueurs de prophétisme. En un mot, le Satyre est un ressouvenir et une reviviscence de l'Atlante, chez qui la clairvoyance existait à l'état naturel. Telle est la raison profonde qui a fait sortir la tragédie d'un chœur de Satyres. Dans son exaltation dionysiaque, la troupe des bacchans déguisés en Faunes, pleurant et célébrant le Dieu mort et ressuscité, rappelant de ses chants et de ses cris, finit par en avoir l'hallucination. C'est l'apogée du dithyrambe. Quand l'habile metteur en scène se présente sous la figure de Bacchus, parle en son nom, raconte ses aventures et s'entretient avec le chœur, qui accueille le récit de son martyre par des chants funèbres et de sa résurrection par un délire de joie, il ne fait que réaliser le désir de la foule surexcitée de ce dédoublement subit du moi, de cette projection de la vision intérieure en action vivante est née la tragédie. Dionysos a jailli vivant de l'enthousiasme du dithyrambe. Il n'a plus qu'à se fractionner dans la multitude des Dieux et des hommes, — et ce sera le drame divin et humain. Le théâtre est debout pour toujours. On aurait pu croire *a priori* que le drame fut primitivement une imitation de la vie réelle ; il n'en est rien. Le plus puissant des arts est sorti de la soif d'un Dieu et du désir de l'homme de remonter à sa source. Ce n'est qu'après avoir vu son Dieu, que l'homme a ri de son déchet, c'est-à-dire de lui-même.

On imagine le succès d'un tel spectacle, avec ses émotions violentes, multiples et contradictoires, sur un auditoire primesautier. Dans les campagnes, les fêtes devinrent des représentations dramatiques accompagnées de danses et arrosées d'innombrables outres de vin. Quand Thespis vint donner ses représentations à Athènes, un véritable délire s'empara de la ville. Hommes et femmes, gens du peuple et lettrés, tout le monde fut entraîné. Les magistrats en prirent du souci, et il y avait de quoi. Plutarque raconte dans la *Vie de Cimon* que Solon fit appeler Thespis et lui demanda « s'il n'avait pas honte de présenter au peuple *de si énormes mensonges.* » Le sage d'alors qui gouvernait la cité devait craindre moins l'illusion innocente de la scène que la profanation des Mystères par les travestissements grossiers qu'en donnèrent les premiers auteurs tragiques. Le torrent ayant rompu l'écluse, on ne pouvait l'arrêter ; on réussit à l'endiguer. Ici se montra toute la sagesse de l'Aréopage éclairée par la science des Eumolpides. On permit aux auteurs dramatiques de puiser le sujet de leurs pièces dans les traditions mythologiques qui avaient toutes leur source dans les Mystères, mais on leur défendit sous peine de mort d'en divulguer le sens caché ou de les souiller par de basses plaisanteries. Les premiers citoyens d'Athènes, nommés par l'Archonte et par l'Aréopage furent chargés du choix des pièces. Les représentations devinrent des fêtes annuelles en l'honneur de Dionysos. La tragédie cessait d'être un divertissement champêtre de paysans avinés pour devenir un culte public de la cité d'Athènes. Par ce coup de maître, le jeu périlleux se métamorphosait en révélation bienfaisante. Pallas prenait sous sa protection l'évadée des Mystères pour en faire la plus puissante des Muses, la prêtresse de l'art initiateur et sauveur, Ainsi grandit, sous l'égide de Minerve et sous l'aile des génies d'Éleusis, cette Melpomène qui devait donner à l'humanité un nouveau frisson et tirer du cœur humain des torrents de larmes divines.

Nous avons vu que toutes les créations du génie grec, celles qui constituent jusqu'à ce jour des éléments essentiels de notre culture, sont sorties des Mystères. Reconnaissons en la tragédie le dernier et non le moins étonnant de leurs miracles. Avec Eschyle, son organisateur et son véritable créateur, elle s'avance vers nous encore armée du flambeau de l'initiation. Fils d'un prêtre d'Éleusis, on pourrait l'appeler le grand pontife de la tragédie. Ses successeurs eurent d'autres mérites, mais furent bien loin d'atteindre sa profondeur et sa majesté. Eschyle puise à pleines mains aux sources de l'antique sagesse, et c'est avec leur lumière qu'il descend dans l'abîme obscur de la vie humaine. Poète, musicien, architecte, machiniste, costumier, chef des chœurs, acteur lui-même, chaussé du cothurne et portant le masque tragique, Eschyle reste un Eumolpide. La matière humaine, qu'il remue à grandes pelletées, est la même que celle d'Homère et plus vaste encore. Ses soixante-dix tragédies, dont sept seulement nous ont été conservées, embrassaient tout l'horizon des poètes cycliques, toute la légende grecque. Mais quel abîme entre Eschyle et Homère ! Là-bas, les aventures olympiennes, les catastrophes terrestres se déroulaient comme en un rêve aérien. Ici, spectacle, personnages, gestes et paroles, nous transportent au centre des consciences et des volontés. Nous sommes dans l'antre où se forgent les destinées. Que le chœur d'Eschyle représente des vieillards ou des vierges, les Érynnies ou les Océanides, il est toujours en présence des Dieux, comme imprégné et vibrant de leur souffle. Dans les *Choéphores*, les esclaves du palais des Atrides se pressent comme un essaim de colombes autour du tombeau d'Agamemnon. Electre et Oreste, qui dominent ce groupe, invoquent l'ombre de leur père pour l'œuvre de vengeance, et le choryphée, soulevant ses voiles comme des ailes, pousse cette imprécation que répète le chœur : « Oh ! puissé-je un jour chanter l'hymne fatal sur un homme frappé par le glaive, sur une femme expirante ! Car pourquoi cacher en moi le souffle divin qui remplit mon âme ? Malgré moi, il s'échappe et sur mon visage respire la colère de mon cœur, la haine qui fermente en moi. Quand Jupiter étendra-t-il sa main vengeresse ? Grand Dieu ! frappe ces têtes superbes ! » À ce degré d'exaltation et de véhémence, le chœur n'est pas un accessoire, c'est l'âme même de l'action.

Au-dessus de cette humanité semi-voyante et plongée dans une sorte de demi-rêve, se dressent les héros de la trilogie typique : Agamemnon, Clytemnestre, Oreste. Par la grandeur des caractères, par l'énergie des volontés, ils dépassent la moyenne stature humaine, mais ils débordent de passions vraies. En eux on peut étudier la psychologie du crime, passant de génération en génération dans l'âme collective d'une famille. On a l'habitude de dire que le drame antique repose sur la fatalité aveugle qui enveloppe les hommes par le fait des Dieux comme le filet dont Clytemnestre étreint son époux pour l'égorger. La critique moderne a cru trouver le vrai fond de ce concept en substituant à l'arbitraire divin la loi de l'atavisme par laquelle elle croit tout expliquer. Rien de plus étroit et de plus faux que cette idée. La pensée d'Eschyle est tout autre.

La structure et le dénouement de ses drames prouvent qu'il a parfaitement conscience des trois puissances qui dominent la vie et s'équilibrent : le Destin, la Providence et la Liberté humaine. Le Destin ou la Fatalité n'est pas autre chose que la chaîne des passions et des calamités qui s'enfantent de génération en génération par l'accumulation des crimes. La liberté humaine les a rendus possibles, mais l'homme, aidé de la sagesse divine, réagit. On reconnaît dans Oreste le sentiment de la responsabilité se dégageant de la fatalité qui l'enlace, sous le travail de la douleur et l'effort de la volonté. Les Érynnies qui l'assiègent ne représentent pas seulement le remords objectivé. Ce sont des puissances occultes créées par les fautes de l'humanité à travers les âges. Par ses écarts sanguinaires, l'homme a lancé lui-même dans l'atmosphère ces Furies vengeresses. Elles trouvent une emprise sur toutes les âmes qui, pour une raison quelconque, ont commis un crime. Oreste, que la fatalité de sa famille a poussé au meurtre de sa mère, se purifie à l'aide d'Apollon et de Minerve. Celle-ci institue pour lui le tribunal des Aréopages, qui remplace la loi du talion par une législation plus clémente, où le coupable qui reconnaît sa faute peut se libérer. Les Érynnies continueront à être des puissances redoutables, épouvantails des criminels, avertissements pour tous, mais elles ne seront plus la vengeance sans pitié. À la fin de sa trilogie, Eschyle fait paraître un cortège de jeunes Athéniennes qui conduisent les Furies transformées en Euménides (en Bienveillantes) dans leur temple souterrain à Colone.

Paroles, situation et mise en scène donnaient à ce dénouement une sévérité grandiose. D'un côté, les terreurs de la nature vaincues, réconciliées, changées en puissances favorables, de l'autre, la cité heureuse sous l'égide des Dieux. La nuit elle-même, l'antique nuit du chaos, devenue sacrée, s'ouvre aux flambeaux d'Éleusis, et les hymnes de joie remplissent l'âme d'une félicité surhumaine. — Véritable scène d'initiation, transposée en drame religieux et en fête civique.

Dans son *Prométhée*, Eschyle alla bien plus loin. Son tempérament titanesque ne respectait pas toujours les limites imposées par la loi. Poussé par son génie, il eut l'audace de dévoiler à demi l'un des plus grands secrets des Mystères, ce qui, paraît-il, faillit lui coûter cher. On enseignait à Éleusisque l'homme, issu des Dieux, devient leur associé, prend en quelque sorte leur tâche en main, à mesure qu'il se développe et que, de leur côté, les Dieux, les puissances cosmiques se développent par l'homme et avec lui. Ce n'était nullement nier leur existence, mais les soumettre eux-aussi à la grande loi de l'évolution universelle et reconnaître en l'homme leur héritier, ayant conquis par son propre effort le pouvoir créateur. Telle l'idée fondamentale du *Prométhée enchaîné*, véritable drame cosmogonique, où le héros parle à tout instant des milliers d'années qui lui restent à vivre. Prométhée a eu pitié des hommes que Jupiter voulait détruire. Il les a sauvés en ravissant le feu du ciel, père de tous Les arts. De là sa lutte avec le maître des Dieux. La colossale image du Titan rivé, à grands coups de marteau, au sommet d'une montagne par Vulcain, assisté de la Puissance et de la Force, subissant son supplice dans un silence méprisant, puis, resté seul, invoquant toutes les divinités de l'univers comme témoins de son martyre volontaire, puis consolé par les Océanides avant que Jupiter ne le précipite avec sa foudre jusqu'au fond du Tartare, ce symbole s'est gravé dans la mémoire des hommes comme le type du génie souffrant et de tous les nobles révoltés. Jamais figure poétique fortement individualisée n'a embrassé autant de choses que celle-ci. En Prométhée nous apparaît en quelque sorte la subconscience des Dieux et du Cosmos, parlant à travers l'homme parvenu à l'apogée de sa force. En lui vit la grande idée de la Justice universelle, primordiale et finale, qui domine l'univers et les Dieux, victorieuse du Destin, fille de l'Éternité. Comme interprète de cette subconscience, Prométhée est vraiment la plus haute incarnation théâtrale de Dionysos, ce Dieu morcelé en des centaines de héros. Ici tous ces héros se ramassent en un seul, qui semble vouloir dire le dernier mot des choses et dont la voix fait trembler l'Olympe. On comprend d'ailleurs que le public d'Athènes ait tremblé lui aussi. On comprend que les milliers de spectateurs non initiés aient frémi à des paroles comme celles-ci, prononcées au théâtre de Bacchus par le poète lui-même jouant le personnage de Prométhée, paroles adressées au Dieu national de tous les Grecs : « Et pourtant ce Jupiter, malgré l'orgueil qui remplit son âme, il sera humble un jour. L'hymen qu'il prépare le renversera du haut de sa puissance ; il tombera du trône ; il sera effacé de l'Empire ! » Selon le scoliaste, cette hardiesse provoqua l'indignation de la foule, qui se jeta sur la scène en menaçant de mort l'auteur d'un tel sacrilège. Le poète n'échappa aux poignards des assaillants qu'en se réfugiant dans l'orchestre et en embrassant l'autel de Dionysos. Ainsi, par la logique raffinée du Destin, la tragédie idéale fut sur le point d'engendrer un drame sanglant sur la scène, et le sort du poète faillit être celui de son héros, au moment même où il l'incarnait. Destinée presque enviable, puisque ce fut celle d'Orphée et de Dionysos lui-même ! Quant à l'Aréopage, selon cette version, il eût condamné Eschyle à boire la ciguë sans l'intervention des Eumolpides qui déclarèrent qu'Eschyle n'était pas initié et avait péché par ignorance. Quoi qu'il en soit de cette tradition, aucun dramaturge n'a jamais égalé l'audace du Titan-poète, né à Éleusis et mort en exil, au pied de l'Etna.

Qu'il ait été ou non initié formellement, l'œuvre d'Eschyle prouve qu'il porte l'empreinte d'Éleusis dans toutes les fibres de son être. Non moins étroitement que lui, Sophocle se rattache aux Mystères, quoique chez lui les idées éleusiniennes se voilent et se transposent beaucoup plus. Ses chœurs dithyrambiques conservent cependant le caractère religieux. Ses héros, toujours dignes, se rapprochent davantage de l'humanité commune. L'action plus intérieure est plus savamment menée. Les caractères, plus creusés et plus nuancés, suivent la loi de progression. Sophocle est l'inventeur de l'évolution psychologique. Si l'on étudie à ce point de vue sa trilogie d'*Œdipe* et d'*Antigone*, on y trouve un véritable drame d'initiation. La discipline d'Éleusis consistait précisément à opérer une métamorphose dans l'homme, à faire naître en lui une autre âme, épurée et voyante, qui devenait son génie conscient, son Daïmôn, sous l'égide d'un Dieu. Dans l'Œdipe de Sophocle, ce mystère s'enveloppe d'une légende qui le laisse transparaître. Œdipe est devenu roi de Thèbes en délivrant le pays d'un monstre femelle qui l'infestait, la Sphinge. La tradition courante et la littérature classique ne voient dans la Sphinge qu'un monstre fabuleux comme les autres, comme l'hydre de Lerne, la Chimère et les innombrables dragons de tous les pays. Mais, dans les Mystères antiques, le Sphinx était un symbole bien plus vaste et plus puissant. Avec son corps de taureau, ses griffes de lion et sa tête humaine, il représentait toute l'évolution animale d'où l'homme s'est dégagé. Ses ailes d'aigle signifiaient même la nature divine qu'il porte en germe. Sophocle a pris la Sphinge, que lui fournissait la légende populaire de Thèbes, en laissant simplement deviner son sens ésotérique. Œdipe n'est pas un initié, ni même un aspirant aux Mystères ; c'est l'homme fort et orgueilleux qui se jette dans la vie avec toute l'énergie de son désir sans borne, et fonce sur tous les obstacles comme un taureau sur ses adversaires. Volonté de jouissance et de puissance, voilà ce qui domine en lui. D'un sûr instinct, il devine l'énigme que le Sphinx-Nature propose à tout homme au seuil de l'existence. Il devine que le mot de l'énigme, c'est l'Homme en personne. Mais, être de désir et de passion pure, il entend par là un homme semblable à lui-même sans avoir la moindre idée de l'homme divin, transfiguré. Par son coup d'œil d'homme d'action, il a prise sur le monstre, le terrasse, s'impose au peuple, devient roi. Mais les Dieux lui préparent le châtiment encouru par sa présomption et sa violence. Sans le savoir, il a tué son père, épousé sa mère. Cette découverte le précipite du sommet de la prospérité dans le plus effroyable abîme. La beauté spirituelle du drame consiste dans le contraste entre le devin Tirésias, qui, privé de la vue extérieure, mais doué de la voyance de l'esprit, pénètre toute la trame de la destinée, et Œdipe, qui, avec ses yeux ouverts, ne voit que l'apparence des choses et se jette comme un fauve dans les pièges tendus. Si *Œdipe-Roi* nous montre le châtiment de la présomption, *Œdipe à Colone* nous présente dans le vieillard errant, fugitif, accablé de tous les maux et conduit par sa noble fille, la purification de l'homme par la douleur héroïquement supportée. À force de souffrir avec courage et conscience, le roi proscrit et aveugle est devenu lui aussi un voyant de l'âme et porte autour de sa tête chauve une auréole de consolation et d'espérance où rayonne la grâce divine. Œdipe ainsi transfiguré est devenu presque un saint. Après cela nous ne nous étonnons plus de contempler dans la sublime Antigone la fleur exquise du pur amour humain, une chrétienne avant la lettre.

Le chef-d'œuvre de Sophocle justifie donc parfaitement les judicieuses réflexions de Fabre d'Olivet. « Sortie tout entière du fond des Mystères, la tragédie possédait un sens moral que les initiés comprenaient. Voilà ce qui la mettait au-dessus de tout ce que nous pourrions imaginer aujourd'hui, ce qui lui donnait un prix inestimable. Tandis que le vulgaire, ébloui seulement par la pompe du spectacle, entraîné par la beauté des vers et de la musique, se livrait à une jouissance fugitive, le sage goûtait un plaisir plus pur et plus durable en recevant la vérité au sein même des illusions mensongères des sens. Ce plaisir était d'autant plus grand que l'inspiration du poète avait été plus parfaite et qu'il avait mieux réussi à bien faire sentir l'esprit allégorique, sans trahir le voile qui le couvrait. »

Si toute la puissance des Mystères rayonne à travers l'œuvre d'Eschyle et de Sophocle, nous n'en trouvons plus trace dans celle de leur illustre rival et successeur Euripide. D'un moment à l'autre, les flambeaux sacrés, qui conduisent à la lumière heureuse, se sont éteints, et nous tâtonnons dans les ténèbres du destin aveugle qu'éclairent seulement les torches des passions et les feux rouges du Tartare. D'où vient ce brusque changement ? La raison en est facile à trouver. Contemporain du Titan Eschyle et du divin Sophocle, aussi poète qu'eux à sa manière, leur égal, leur supérieur peut-être par certaines qualités, par sa sensibilité frémissante, par la limpidité merveilleuse de son style et par la richesse ingénieuse de son imagination, Euripide n'en appartient pas moins à un autre monde, au notre beaucoup plus qu'à celui de l'Antiquité par le tour de son esprit et la nature de son âme. Non seulement il ne se rattache par aucun lien à Éleusis, mais il est disciple fervent de Socrate, qui refusa de se faire initier, parce que, disait-il, il ne voulait pas savoir des choses communiquées sous le serment du silence et qu'il n'aurait pas le droit de discuter en public. Socrate croyait fermement et enseignait que le raisonnement seul peut atteindre la vérité et que la logique rigoureuse, sans l'aide d'aucune autre faculté, mène infailliblement à la vertu comme au bonheur. Il tourne le dos à l'antique voyance, mère de la sagesse primordiale et de toutes les religions antiques ; il ignore l'intuition, créatrice des philosophies synthétiques ; il sourit finement de l'inspiration, source de la poésie et des arts. Il ne voit de salut que dans l'observation, dans l'analyse et dans la dialectique. Par là il est véritablement et authentiquement, comme l'a dit Nietzsche, le père du rationalisme intransigeant et du positivisme moderne. Or Euripide, quoique poète et poète de génie, est le disciple le plus fanatique de ce maître du doute. On dirait qu'il n'écrit que pour ce spectateur unique. Car Socrate, qui ne va jamais au théâtre, y va pour écouter les tragédies d'Euripide. Quel plaisir raffiné pour lui d'entendre les chœurs et les personnages de son disciple reproduire ses syllogismes, où l'esprit se prend comme dans une souricière, et paraphraser son scepticisme démolisseur ; sa face de Silène s'épanouit et son œil de Cyclope s'allume devant ce spectacle. Les Dieux ont beau descendre du ciel sur leurs chars dorés et déclamer des vers pompeux sous leurs masques peints. Dans leurs discours contradictoires, l'infatigable raisonneur voit l'Olympe tomber en poussière et s'évanouir toute la fantasmagorie mythologique. Aussi applaudit-il à tout rompre à ce passage d'un chœur d'*Hippolyte* : « Certes, la prévoyance des Dieux, quand elle s'impose à ma pensée, m'ôte mes inquiétudes ; mais à peine pensé-je l'avoir comprise que j'y renonce en voyant les misères et les actions des mortels. »

Ce mot fait voir l'abîme qui sépare l'œuvre d'Euripide de celle de ses prédécesseurs. Mêmes sujets, mêmes personnages, mêmes décors ; toute la légende homérique ; mais le sentiment religieux et la compréhension profonde de la vie ont disparu. Malgré la connaissance des passions, malgré le charme incomparable de la langue et d'innombrables beautés de détail, on n'y sent plus ce vaste coup d'œil qui embrasse l'ensemble de la destinée humaine et en perce le fond en pénétrant dans son au-delà. Le génie des Mystères n'est plus là, et, sans lui, tout se rapetisse, se ride, se flétrit et tombe en loques. — Le chœur a cessé d'être l'œil et la voix des Dieux, il ne représente plus que le peuple, la masse flottante, le vil troupeau, le vieillard trembleur et crédule, le citoyen *Démos* d'Aristophane. — Quant à ses héros, on a dit justement qu'Euripide « a mis le spectateur sur la scène. » Tous les grands personnages, dans lesquels le mythe glorifia les fondateurs de la civilisation grecque ont baissé d'un ou de plusieurs degrés dans l'échelle sociale. Hercule, ce type de l'initié dans ses douze travaux, est devenu un bon vivant généreux, mais vulgaire et grossier ; Jason, le conquérant de la Toison d'Or, un lâche pleurnicheur. À peine les Achille, les Oreste, les Pylade conservent-ils leur dignité. Euripide a créé des vierges exquises, mais ses caractères d'hommes sont en général faiblement tracés. Là où il est passé maître c'est dans la peinture des passions elles-mêmes quand elles sont devenues maîtresses de l'âme et qu'elles se substituent à l'individualité. De là les amantes féroces, Phèdre et Médée et la rugissante Hécube, tigresse des vengeances maternelles. — Reste le pathétique dont Euripide est l'inventeur. Personne ne sait comme lui exciter, la pitié, faire couler les larmes, mais c'est une pitié inféconde et débilitante, qui ne laisse au cœur ni force, ni consolation. On peut dire que l'esthétique d'Euripide, résultat de sa philosophie, se réduit au pathétique sans lumière, au tragique inexpliqué de la vie. Il ne nous en a pas moins légué deux chefs-d'œuvre, dont le théâtre moderne s'est fréquemment inspiré. *Hippolyte et Iphigénie en Aulide*, et où il atteint le comble de l'émotion. Mais si l'on va au fond de ces drames, on voit qu'ils sont la condamnation involontaire de la philosophie dont Euripide s'est fait le porte-voix. Hippolyte, le chaste et fier adolescent, adorateur de Diane, injustement accusé d'inceste par son père et tué à sa prière par Neptune ; Iphigénie, la tendre vierge, sacrifiée par un père barbare et une armée superstitieuse ; ces deux victimes ne prouvent-elles pas qu'une civilisation purement intellectuelle, et qui ne connaît pas les vrais Dieux, est forcée pour subsister d'immoler ses plus nobles enfants ?

Rien de plus tragique et de plus singulier que la destinée d'Euripide lui-même. Après une vie de gloire et de succès continus, il fut appelé à la cour du roi de Macédoine, Archélaüs. Là il composa sa tragédie des *Bacchantes*, qui est la négation absolue de son esthétique et de sa philosophie anti-mystique. Car on y voit le roi Penthée déchiré par les Bacchantes après avoir nié la divinité de Dionysos et la nécessité de ses Mystères incompréhensibles. Le Dieu magicien des métamorphoses fut-il satisfait de cette palinodie tardive ? Il semblerait que non, s'il faut en croire le bruit qui courut dans Athènes. On prétendit que, dans une promenade solitaire, l'hôte illustre du roi de Macédoine fut déchiré par une bande de molosses. Là-dessus le symbolisme hardi des partisans attardés d'Eschyle eut beau jeu. Ils affirmèrent que les passions sauvages, déchaînées par Euripide sur le théâtre de Bacchus et avec lesquelles il avait si habilement joué pendant sa longue vie, étaient entrées dans les chiens de la Thrace pour se jeter sur leur maître, comme les bêtes fauves qui finissent presque toujours par dévorer leur dompteur. Profonde et dernière ironie, disaient-ils, des Dieux qu'il avait offensés !

Fabre d'Olivet, ce grand penseur oublié, a porté sur Euripide un jugement remarquable. Je le cite, malgré sa sévérité excessive, parce qu'il donne en quelques traits un tableau magistral de l'effondrement de la tragédie, après qu'elle eut perdu les règles et la tradition d'Éleusis : « Si les lois qu'on avait d'abord promulguées contre ceux qui, en traitant des sujets tragiques, en avilissaient le sens mystérieux, avaient été exécutées, on n'aurait point souffert qu'Euripide eût peint tant de héros dégradés par l'adversité, tant de princesses égarées par l'amour, tant de scènes de honte, de scandale et de forfaits ; mais le peuple, déjà dégradé et voisin de la corruption, se laissait entraîner par ces tableaux dangereux, et lui-même courait au-devant de la coupe empoisonnée qui lui était offerte. C'est au charme même de ces tableaux, au talent avec lequel Euripide savait les colorer qu'on doit attribuer la décadence des mœurs athéniennes, et la première atteinte qui fut portée à la pureté de la religion. Le théâtre devenu l'école des passions et n'offrant plus à l'âme aucune nourriture spirituelle, ouvrit une porte par laquelle se glissèrent, jusque dans les sanctuaires, le mépris et la dérision des Mystères, le doute, l'audace la plus sacrilège et l'entier oubli de la Divinité. »

Merveille de l'art vivant, la tragédie nous est apparue comme la fleur du miracle hellénique et le dernier mot du génie grec. J'ai montré comment le mythe de Dionysos lui donna naissance, que les Mystères d'Éleusis inspirèrent ses chefs-d'œuvre, et qu'elle tomba dans une décadence rapide aussitôt qu'elle cessa de les comprendre. Une conclusion s'impose sur le rapport de ces deux institutions, conclusion qui nous ouvrira une perspective sur la vraie mission du théâtre et sur son possible avenir dans l'humanité.

La tragédie est, selon le mot d'Aristote, *une purification* (κάθαρσις) *par la terreur et la pitié*. Cette formule est parfaite dans sa concision. Seulement, elle demande à être expliquée. Pourquoi la terreur et la pitié, qui dans la vie réelle sont des impressions déprimantes, deviennent-elles dans la grande tragédie grecque des forces réconfortantes et purificatrices ? Parce qu'elles présentent au spectateur *les épreuves de l'âme* qui la rendent propre à l'assimilation des vérités consolantes et sublimes, en lui arrachant voile après voile. Sans la claire compréhension de ces épreuves, les affres de la terreur et l'élan de la sympathie demeurent impuissants. Mais la lustration de l'âme qui succède au frisson tragique, y produit une embellie où pénètrent les rayons d'une vérité et d'une félicité inconnues. Le but des Mystères d'Éleusis était de communiquer cette vérité elle-même à l'initié par l'expérience personnelle, par de clairs concepts et des images parlantes. L'initiation et les fêtes d'Éleusis donnaient à ceux qui savaient les comprendre la clef des contradictions et des terreurs de la vie. Ainsi les deux institutions se complétaient et s'entraidaient. Dans Eschyle et dans Sophocle on entrevoyait la paix et la lumière au-delà de la terreur et de la pitié. Dans Euripide, le dialecticien et le sophiste, qui appartient déjà à la civilisation purement intellectuelle et rationaliste dont Socrate est la cheville ouvrière, nous trouvons la terreur et la pitié sans leur efficacité transcendante, c'est-à-dire sans l'illumination et sans l'apaisement psychique qu'elles possédaient dans le drame primordial d'Éleusis et qu'avait conservés dans une large mesure le drame d'Eschyle et de Sophocle. L'homme dans Euripide apparaît la victime du hasard ou de l'arbitraire divin. On peut dire que la terreur et la pitié deviennent plus poignantes dans ce concept de la vie, mais elles y perdent leur vertu ennoblissante, leur pouvoir éducateur. On sort élargi et rajeuni d'une tragédie d'Eschyle ou de Sophocle ; on sort ému, mais accablé, d'un mélodrame d'Euripide. Malgré la grandeur du poète et de l'artiste, il y manque le souffle divin.

L'idéal de l'art serait de joindre, dans la plénitude de la vie, à la terreur et à la pitié salutaires de la tragédie, les révélations consolantes que la Grèce a trouvées dans ses Mystères et particulièrement dans le drame éleusinien. L'histoire sans doute ne se recommence pas et on ne nage pas deux fois dans le même fleuve, comme disait Héraclite ; mais, au cours des âges, les idées et les choses reviennent en métamorphoses incessantes et en formes imprévues. Malgré le voile opaque dont nous enveloppe notre civilisation matérialiste, il n'est pas impossible que le miracle hellénique ait des avatars et des renaissances surprenantes. Les créations nouvelles sortent quelquefois du profond et douloureux désir d'un passé à jamais perdu. Elle brûle encore en nous tous l'inextinguible nostalgie de la tragédie grecque, sur laquelle flotte, — espérance immortelle, — la lumière sublime d'Éleusis.

BIOGRAPHIE D'ÉDOUARD SCHURÉ

LOUIS DE ROMEUF

> La Beauté doit se réaliser dans l'Âme comme dans son sanctuaire le plus sacré, avant de s'exprimer sous une forme quelconque dans le monde extérieur.
>
> Édouard Schuré

CHAPITRE I. — SA VIE

C'est le 21 janvier 1841 que naquit Édouard Schuré, dans la vieille cité de Strasbourg, au n° 6 de la rue Saint-Nicolas. Son père, Jean-Frédéric Schuré, était médecin, et son grand-père, maître-tourneur et chirurgien à Strasbourg. Par sa mère, Mlle Blœchel, il se rattache encore à cette ville, dont M. Blœchel le père fut doyen de la Faculté de Droit.

Aussi bien du côté paternel que du côté maternel, Édouard Schuré, qui devait épouser plus tard la fille du pasteur Nessler, de Barr, prend ses racines dans ce qu'on pourrait appeler le patriciat protestant de la bourgeoisie. Nous verrons plus loin qu'on retrouve au cours de son œuvre, et avec une persistance singulière, ce goût de la méthode, de la discipline intellectuelle, de l'analyse introspective, et, plus encore, cette religion de la Conscience et ce culte du Scrupule qui sont une des plus fortes caractéristiques de la Réforme.

Après avoir perdu sa mère dès l'âge de 4 ans — deuil qui devait influencer toute sa jeunesse si ardente — Édouard Schuré fréquente le gymnase de Strasbourg, de 1848 à 1859. Il semble bien que c'est à l'autoritarisme de ses maîtres, à la compression ultra-piétiste de son directeur spirituel, que nous devons ces âpres révoltes du collégien qui devaient aboutir, chez l'homme mûr, à une totale libération des dogmes, à la plus fière, à la plus hautaine indépendance mystique, et, pour tout dire, au triomphe de l'Âme souveraine, dans la plénitude de son rayonnement, de sa foi intérieure et de ses espoirs d'éternité.

C'est à l'âge de 15 ans que, par suite de la mort de son père, il commence à prendre — si jeune — la responsabilité de vivre. Ses tendances à la littérature ne tardent point à s'affirmer, et il se nourrit de Goethe, Schiller et de nos Romantiques avec une avidité impétueuse. D'ailleurs, dès sa licence en droit passée pour agréer à son grand-père, il se fixe à Paris qu'il ne quittera plus guère que pour de féconds voyages sur les rives latines.

C'était déjà un adolescent passionné de rêve et à l'imagination assoiffée d'idéal.

Dans cet Alsacien à la taille élevée, au port altier et fier, à la stature de grand guerrier Viking, dans ce corps athlétique d'un conquérant de chevalerie qui s'en irait lutter pour quelque toison d'or, — un poète dormait, qui bientôt allait déployer ses larges ailes et monter, au souffle de sa foi, sur les plus nobles cimes qu'ait visitées jamais l'âme des hommes.

Je crois fort que si les universités de Bonn, Berlin et Munich contribuèrent à donner à ce chercheur le goût du cérébral et de ce qui, dans l'esprit, est un peu plus que l'esprit, — c'est à Richard Wagner que revient le mérite d'avoir fixé pour toujours, en les centralisant, les mille aspirations de son être en fièvre.

À vrai dire, il ne le vit guère que quatre à cinq fois, de 1865 à 1876, mais le récit qu'il nous donne de la première représentation de *Tristan et Isolde*, non moins que de son entrevue avec le Maître, démontre suffisamment quelle influence en ressentit le futur auteur des *Grands Initiés*. On ne crée point la Tétralogie ni cette bataille titanesque de l'humain contre le divin, sans déchaîner au cœur des prédestinés la rafale créatrice qui, fatalement, *devait* souffler. Ce monde transcendant, que nos yeux de chair ne sauraient voir, mais que notre âme, en elle-même, appelle le monde véritable ; la nostalgie et la puissance de l'Art érigé en divinité destinée à régénérer les foules ; l'énigme formidable qu'est la destinée de l'homme pour celui qui médite, — voilà les problèmes que l'épopée de Wagner imposa à l'esprit, tendu d'Édouard Schuré.

Il connut donc là un homme qui était plus qu'un homme. Lors d'un voyage à Florence, vers 1872, il connut une femme qui devait être et était, en réalité, plus qu'une femme.

Mais pour dire aux générations futures ce que fut une Marguerite Albana Mignaty, et le dire avec des mots qui seraient les phrases même de cette voyante, il faudrait sans doute une plume impondérable, aussi fluide que l'âme rare qui n'est plus.

Qu'il nous suffise d'affirmer que sans Mme Mignaty, Édouard Schuré fût demeuré poète, sans plus. Il n'aurait point écrit les *Grands Initiés*, qui sont l'essence même de son être et ce qu'il y eut de meilleur en lui comme frémissements vers le Divin, comme approximation du Grand Mystère. Voici d'ailleurs ce que lui-même avoue, en la rapprochant spontanément de Wagner : « Si Wagner m'avait révélé la puissance réformatrice de l'Art, Marguerite Albana me révéla la puissance créatrice de l'Âme par l'amour, par l'intuition et par la foi voyante dans les vérités éternelles de l'au-delà. » Et ailleurs : « Je puis dire que Wagner a vivifié mon aspiration vers le Beau en lui révélant un art nouveau. Marguerite Albana a refondu et recréé mon âme par son amour. »

Admirable fusion de deux natures également ivres d'infinité et qui, reconnaissant d'un coup qu'une même soif les torture, décident de se donner leurs vies et de monter toujours, pour tenter de découvrir à deux ce merveilleux pays qui les angoisse, qui les hante, et qui, pour cela même, *doit* exister, puisque déjà il est en eux.

Voilà qui est assurément plus que l'amour. Voilà qui est le signe de la prédestination véritable, par quoi un homme et une femme semblent marqués pour de grandes œuvres. L'âme tendre et passionnée de Marguerite Albana forme ainsi autour de la figure d'Édouard Schuré une auréole ardente, qui s'est à jamais fondue avec l'âme du voyant-poète et lui donne tout son rayonnement. Au long des âges, elle éclairera ce prodigieux effort ésotérique où, durant les hivers florentins, sur les rives de cet Arno aux bras d'argent en guirlande, elle poussa doucement, de sa belle confiance d'amante et avec les mots divins que sait l'amour, l'audacieux mystique qui se posa un jour le fabuleux problème de la Vie.

C'est à sa mort, survenue à Livourne en 1887, que le poète Schuré se fit le serment d'aller plus avant que le rythme des mots, qu'il promit à l'ombre bien-aimée d'exécuter les chers desseins consolateurs, de vouer sa vie entière aux religions des siècles, aux fols élans de la terre depuis qu'il est des hommes, de soulever les voiles de l'Orient jonché d'icônes, de promener une grande torche éblouissante parmi les sanctuaires de l'Espoir, de révéler à tous le travail occulte des âmes du monde, acharnées à percer ce troublant rideau qu'éclaboussent, aux nuits sereines de l'été, les pointes lancinantes des astres, — comme des dagues.

CHAPITRE II. — SON ŒUVRE

Elle se résume en deux mots : *l'Art et la Vie*.

Ce fut la formule même de l'École idéologique qui, aux environs de 1892, institua, sous l'égide de jeunes fervents tels que Maurice Pujo, Henry Bérenger, Gabriel Trarieux, Firmin Roz, Eugène Hollande, Gabriel Sarrazin, une double réaction contre le Réalisme matérialiste et le Dogmatisme intransigeant.

Quand Édouard Schuré se mit à la tâche avec l'*Histoire du Lied* (1868), sans doute n'ambitionnait-il que d'être un commentateur fidèle et consciencieux des grands courants mystiques qui, depuis l'orée des siècles, ont agité l'esprit des peuples. C'est ainsi que jusqu'aux *Initiés*, il nous raconta l'Allemagne sentimentale, l'Alsace déchirée par l'invasion, les « Chants de la Montagne » et d'autres poèmes évocateurs.

La cause en est qu'il n'avait point encore trouvé le pôle de son vaste talent. Ce n'était là qu'entraînement préparatoire aux longs voyages qu'il allait faire dans les sphères presque vierges de l'Esprit pur. Il aiguisait son verbe sur la pierre meulière du lyrisme ethnique, et de ces premières escarmouches avec les farouches gardiens de l'âme celte ou germaine, il dégageait peu à peu les éléments d'une philosophie qui allait lui ouvrir toutes grandes les portes de l'Ésotérisme.

À quoi croyait-il donc, ce fougueux impatient qui voulait, du premier coup, franchir l'enceinte qui mène, par les claires voies de la Sagesse, au Vrai, au Beau et au Bien ?

Un critique, M. Yves Mainor[*], nous l'apprend en une heureuse formule. Il croyait que « la justice et la vérité sont le dernier mot de l'énigme universelle, qu'un principe divin habite en nous, qu'une loi d'eurythmie souveraine préside à l'évolution des mondes, des choses et des âmes. »

Et quoiqu'à peine adolescent, il le croyait avec une telle ardeur, que les ombres les plus épaisses de la vieille Égypte ou de l'Inde brahmanique devaient se diluer à cette lumière, et qu'en même temps cela déterminait d'un coup l'unité de son œuvre, lui donnait son harmonie, son éloquence, sa raison d'être, faisait de ses écrits plus que de la littérature, plus que des mots, mais bien une façon de statue vivante, gonflée d'enthousiasme et de tendresse, consolante pour lui-même et pour les autres, émancipatrice et généreuse, et qui livre à tous ceux qui parcourent en aveugles les ténèbres de la vie, un peu de ce courage unique que donne l'Espoir.

Chef de l'Idéalisme mystique, voilà sans doute une définition d'Édouard Schuré.

Son idéalisme a commencé par être, si j'ose dire, positif et patent, pour devenir assez vite symbolique, occulte, ésotérique. C'est une conséquence de la difficulté qu'éprouve l'homme à traduire sans images les émotions de l'idée nue, — ainsi que de l'étude des mythes et des épreuves propitiatoires auxquelles les races ont recouru sans cesse pour se ménager la bienveillance des Forces Dominatrices.

Il nous dit quelque part : « L'essentiel en ce monde n'est pas de réussir, c'est d'avoir une haute volonté. Si nous ne pouvons être des moissonneurs joyeux, soyons des semeurs hardis et confiants. » Magni-

---

[*] M. Édouard Schuré, par Yves Mainor. — Crassin, Angers, 1905.

chanson d'allégresse que, d'âge en âge, les apôtres du Vrai se sont transmises. —

Il est assez malaisé à première vue de mettre un ordre parmi les dix-sept volumes qui forment le bilan d'Édouard Schuré.

C'est qu'aussi bien, il s'y trouve un peu de tout ce qui peut solliciter l'activité cérébrale d'un homme. Il y a de la religion, de l'histoire, de la légende, de la poésie, du roman, du théâtre, de la critique, de l'esthétique. Et pourtant, si cet écrivain effleura de ses ailes toutes les fleurs de beauté et les féconda de son brûlant génie, le vol garda la force et la grâce de l'unité. Partout, il apporta à ses recherches une telle sérénité d'âme, une telle confiance dans le Bien rédempteur, une telle lucidité de vision, astreinte, par-delà les formes, à pénétrer la substance et à la montrer aux autres, — que d'un bout à l'autre de son œuvre court le même sang animateur, la même sève nourricière, le même idéal lumineux, robuste et persuasif.

C'est dans les pages philosophiques qu'est concentrée la moelle du chêne Schuréen.

Du tronc noueux des *Initiés* partent les rameaux des branches accessoires qui aboutissent à tous les aspects variés que peut revêtir la littérature. Il convient donc d'instituer en tête de cette étude le nœud qui l'explique toute et qui constitue, en même temps que l'intérêt de l'œuvre de Schuré, sa cohésion exceptionnelle, son influence et sa durée.

I. Philosophie (Religion. — Légende. — Histoire)

Nous avons marqué déjà qu'Édouard Schuré était avant tout et par-dessus tout, idéaliste.

Il l'est par tempérament et par conviction, car son hérédité, elle, devait logiquement lui fournir un spiritualisme littéral et rituel plutôt que cet élan spontané vers l'Idéal, qui le caractérise. Il est idéaliste à sa manière, qui est faite d'un respect de la tradition combattu par le désir fougueux de rester *soi*. Il croit de toutes ses forces à la prédominance de l'esprit sur la matière, mais il maintient néanmoins son contact avec la vie réelle. Si son imagination tendait à l'oublier, son cœur vient l'y ramener par les transes et les affres que lui cause l'imperfection des hommes.

C'est à coup sûr dans *Les Grands Initiés* qu'apparaît le mieux sa doctrine.

Écrites sur les conseils de Marguerite Albana, ces pages frémissantes devaient expliquer et prouver le bien-fondé d'une thèse aussi vaste que le monde. Car la philosophie de Schuré avait résolu de n'être point égoïste. Se confiner dans la tour d'ivoire d'un Nietzsche, s'assurer un système commode pour apaiser sa propre conscience et ignorer systématiquement celle des autres, voilà qui eût été peut-être d'un cerveau fort, mais d'un cœur étroit. Le cœur de Schuré, égal à son âme, conçut le dessein de réconcilier les hommes qu'a divisés depuis toujours la multiplicité des autels.

C'est alors qu'il décida d'aller au cœur même des races pour surprendre le mécanisme de leur foi. Par les larges routes de la tradition, il s'insinua auprès de Rama, Krishna, Hermès, Moïse, Orphée, et connut peu à peu de quels éléments se composaient leurs rêves. Plus aisément, il s'assimila, en la clarifiant, la curieuse migration animique élue par Pythagore. Il se délecta du divin Platon et aboutit enfin au Jésus-Messie dont « la morale a pour dernier mot l'amour fraternel sans limite et l'alliance humaine universelle, » qui, de plus, a réalisé dans sa vie publique toutes les phases de l'initiation et donné à l'humanité entière la preuve de la résurrection spirituelle par l'Amour.

Ce travail fait, il s'aperçut qu'au-delà des cérémonies et des bréviaires, il y avait un fonds commun que Rama avait connu et que Jésus avait consacré. D'un bout à l'autre des siècles s'étendait une colossale guirlande, nouée d'une part au Sphinx des Pharaons, de l'autre à l'étable de Bethléem, qui offrait une trame absolument homogène et reflétait ces deux croyances immuables au cœur de l'homme : l'âme distincte du corps, l'immortalité de cette âme après la ruine de ce corps et de son évolution ascendante dans l'univers par le principe de la réincarnation.

Voilà toute la métaphysique de Schuré. Il en complète l'essence par une seconde pensée maîtresse qui est la fusion de la Science et de la Religion. Pensée issue d'ailleurs des grands théosophes et que ratifie l'histoire. « Deux choses, nous dit-il, sont nécessaires à la poursuite du grand œuvre : d'une part, l'ouverture progressive de la science expérimentale et de la philosophie intuitive aux faits de l'ordre psychique, aux principes intellectuels et aux vérités spirituelles ; de l'autre, l'élargissement du dogme chrétien dans le sens de la tradition et de la science ésotérique, par suite, une réorganisation de l'Église selon une initiation graduée et cela par un mouvement libre de toutes les églises chrétiennes qui sont toutes également et au même titre les filles du Christ. *Il faut que la science devienne religieuse et que la religion devienne scientifique.* »

On voit toutes les conséquences que peut engendrer une telle synthèse. Les autorités ecclésiastiques ne s'y sont point trompé, et il y eut notamment dans le journal Le Monde* un violent article de M. Marius Sépet qui, prenant en mains la cause du dogmatisme catholique, reprochait à « l'esprit élevé » qu'est l'auteur des *Initiés* de « se perdre dans une vraie nuit des Walpurgis intellectuelle, alors que le grand jour de la philosophie catholique est là ».

C'est qu'aux yeux des pontifes, Schuré avait encore aggravé sa faute en faisant sienne la théorie des existences progressives par la Réincarnation, que Krishna, puis Pythagore ont établie et commentée. Autant de schismes impardonnables qui devaient mettre irrévocablement le grand penseur au banc de l'orthodoxie, et lui amener par contre tous les esprits libres qui, aspirant au perfectionnement de leur être et à son immortalité, se refusent à respirer davantage l'air affadi des cathédrales, tandis que le ciel immense est sur leurs têtes…

Les nombreux critiques qui ont parlé de l'œuvre capitale d'Édouard Schuré, en France, en Italie, en Angleterre, en Allemagne et en Russie, ont été frappés surtout de la synthèse philosophique et religieuse des *Grands Initiés*. La valeur artistique de ce livre n'est pas moins remarquable. Il se présente à nous comme une grande fresque à huit

---

* *Sanctuaires d'Orient.*

tableaux, où le relief des détails ne nuit pas à l'unité de l'ensemble. De chapitre en chapitre, de prophète en prophète, l'image vivante de l'univers, tel qu'il se reflète dans la doctrine ésotérique, grandit et s'illumine par de nouveaux côtés. Elle atteint avec Pythagore l'ampleur de l'évolution cosmique et, avec le Christ, l'importance d'un événement planétaire.

Parmi les scènes impressionnantes du livre, citons la peinture des druidresses inspirées qui inventent le culte des ancêtres dans le délire de l'extase, sous les chênes de l'antique Celtide. Rappelons aussi, dans le chapitre d'*Hermès*, le récit de l'initiation égyptienne où le myste traverse les frissons de la mort léthargique et l'ivresse de la résurrection dans la lumière astrale. Notons l'orgie des Bacchantes et la fête dyonisiaque dans la vallée de Tempe, au chapitre d'*Orphée* ; la jeunesse de Pythagore et la description de son école à Crotone ; enfin cette « Genèse du Messie », cette préparation de Jésus à sa mission chez les Esséniens, où la vision mystique de la croix le consacre à son œuvre de Sauveur.

On ne peut prétendre que ces scènes soient historiquement documentées, mais elles s'impriment dans l'âme par une émotion mystérieuse et profonde qui a la vibration pénétrante de la vérité.

« L'Âme est la Clef de l'Univers », — cette épigraphe des *Initiés* pourrait servir aux *Sanctuaires d'Orient* qui n'en sont que la poétique paraphrase.

Là encore, le philosophe combat pour la science, au nom du principe que loin de contrecarrer l'idée religieuse, elle l'éclaire de son jour véritable et en renforce les conclusions. Cela ne nous semble plus paradoxal quand nous réfléchissons que pour juger ces choses, Édouard Schuré remonte à l'origine même des prophéties, à ces âges bibliques, à la fois puérils et tragiques, où l'âme de l'homme, plus élémentaire et plus pure, s'entretenait sans intermédiaire avec les forces cachées de la nature, baignait directement dans l'éther translucide du Grand Tout, communiait étroitement avec le Maître des forêts, des ruisseaux et des plaines, jusqu'à devenir pour ainsi dire l'âme du Monde et à participer à son évolution.

C'est dans l'étude sur l'Égypte* que nous trouvons cette profession de foi du précurseur alsacien : « On recommence à se douter que le monde moral ne serait pas possible sans un principe intellectuel et ordonnateur, formant à la fois le sommet et la balance, l'origine et la fin de l'Univers ; que le monde naturel et visible qui sert de base évolutive à ce monde moral, n'est lui-même pas concevable sans le double principe de l'intelligence créatrice et de l'âme sensible à tous les degrés, dans toutes les sphères de l'être ».

L'Égypte, la Grèce, la Palestine sont les terres d'élection où le bel optimisme d'Édouard Schuré promène son flambeau réconfortant.

C'est dans le chapitre où défile Corfou que notre sensibilité palpitera davantage à l'évocation délicieuse — et si mélancolique ! — de la chère ombre languissante de Marguerite Albana. Quelle fièvre, jaillie des cèdres de cette Villa Reale qui reçut les chants d'adieu de la jeune Corfiote, pareils à des élégies déclinantes ! La Grèce libre, la beauté de vivre, l'Amour, voilà ce qui alors passait aux yeux d'une femme qui, à peine née, avait déjà tant souffert, voilà ce qui, de son cœur, devait glisser au cœur d'Édouard Schuré et lui donner la force de se réaliser tout entier, merveilleusement.

C'est à propos des *Sanctuaires* qu'on a comparé Schuré à M. Renan.

Une même forme poétique les rapproche. Ils ont l'un et l'autre une clarté de style, une chasteté dans l'image et une sérénité descriptive qui rappellent le Cantique des Cantiques. Mais le doux sourire si las, si sceptique du rêveur de Tréguier se transforme, chez celui de Strasbourg, en une expression de conviction, de certitude robuste, d'allégresse communicative.

L'un murmure : « Qui sait ? » L'autre affirme : « Je sais ».

Peut-être Renan eût-il, lui aussi, scruté les Initiés sous l'angle ésotérique, mais il n'eût point conclu par cette confiance indestructible

---

* On le célébrait officiellement sous le nom de *Iakkos* dont on portait la statue en grande pompe d'Athènes à Éleusis, le neuvième jour des fêtes avant *la nuit sainte*. Le Dieu Iakkos était représenté par une statue d'enfant parce qu'on le considérait comme un Dieu renaissant et en voie de croissance.

en la régénération du monde par le culte de l'Âme. Il n'eût point jeté à ses disciples ce beau cri de combat : « Affirmons la vérité de l'Idéal sans crainte et aussi haut que possible. Jetons-nous pour elle et avec elle dans l'arène de l'action, et par dessus cette mêlée confuse, essayons de pénétrer dans le temple des Idées immuables ». C'est que Renan ne fut qu'un poète, et qu'en Schuré vit un apôtre.

En revanche, l'auteur des *Drames Philosophiques* aurait sans doute conté avec bonheur ces *Grandes Légendes de France*, où Édouard Schuré nous raconte — avec quelle grâce sensible ! — les songes de l'antique Alsace, les austères ravins de la Grande-Chartreuse, le Mont-Saint-Michel battu des vagues, le génie celtique de la Bretagne pétrie de fées.

En ces pages de résurrection, s'affirment une science historique très sûre, le sens des superstitions populaires, la notation du merveilleux opérant sur les cerveaux incultes et tous ces rudes frissons de l'âme des masses qui, à travers les âges et malgré le changement des institutions, sont demeurés presque immuables.

C'est un exposé des traits saillants de l'ancienne France, dans la région qui surplombe la Loire, où s'entrechoquèrent Germains et Celtes, Normands et Ripuaires. Et certaines histoires de jadis sont touchantes.

II. — Poésie

Dans les trois recueils de poèmes où le rêve ailé d'Édouard Schuré ne pouvait manquer de chercher un mode verbal, — *Les Chants de la Montagne*, *La Légende de l'Alsace*, *La Vie mystique* — nous retrouvons ce tourment de l'infini qui est la pierre de touche des grandes âmes.

« L'aspiration à la vie spirituelle à travers la vie passionnelle », telle est la synthèse de cette étrange *Vie mystique* où des poèmes comme *Le Voile de l'Ombre* font servir le rythme et la rime à un drame de métaphysique. C'est d'ailleurs là le reproche qu'on pourrait faire à ce didactisme qui se défend d'en être, mais porte malgré tout l'inconsciente gêne et la lourdeur inhérentes aux exposés de doctrines.

III. — Romans

L'idée qu'Édouard Schuré se fait du roman déjoue si totalement la conception habituelle, qu'il convient d'en préciser l'essence.

Certes l'on y trouve une intrigue d'amour, mais engagée sur des voies si hautes, conduite avec de si rudes élans du cerveau et du cœur, ramenée aux idées générales avec un tel accent de gravité et d'angoisse — qu'il n'y a guère ici du roman que le nom, et qu'on oublie vite la trame des faits pour les principes de morale ou de théosophie, pour une expérience d'occultisme comme dans *Le Double* ou une façon d'envoûtement, comme dans *La Prêtresse d'Isis*.

C'est que dans cette branche soi-disant légère de la littérature, Schuré reste soi-même, c'est-à-dire un homme qui prend au sérieux tout ce qu'il voit, et interprète les heurts du cœur et de la chair en les ramifiant à la vie de l'âme et à ses destinées surnaturelles qui, seules, retiennent son attention.

« Roman-poème, c'est-à-dire un roman qui n'est pas seulement le roman de la vie intérieure, mais encore et surtout le roman de la vie supérieure ; roman qui évoque en chaque être humain le héros ; qui n'est pas une planche d'anatomie morale, mais une statue de l'énergie intime » — telle est l'excellente définition que donnait Henry Bérenger à propos de l'*Ange et la Sphynge*[*].

Dans ce livre comme dans *la Prêtresse d'Isis*, c'est l'éternelle bataille entre la bête et l'ange, entre la chair et l'esprit. On devine d'avance auquel des deux l'idéalisme de Schuré donne la victoire finale.

Ce qui nous frappe dans ces œuvres et ce qui en constitue la moralité, c'est le rôle omnipotent qu'y jouent l'Amour et la Volonté, ces deux armes de l'âme qui est bien décidément « la clef de l'univers » et

---

[*] *Revue Encyclopédique*, 15 mai 1897.

le seul moyen de le comprendre. Il y a donc là plus qu'une rénovation littéraire. Il y a des prolongements poignants lancés dans le monde de l'invisible, comme des arches de granit jetées de l'autre côté du grand abîme et qui nous relient, nous les hommes, à la Terre Promise.

IV. — Théâtre

On peut présumer que ce furent les belles journées de Bayreuth, suivies plus tard des représentations ibséniennes, qui poussèrent Schuré à s'exprimer par la scène. L'apôtre qui, en lui, fermente sous le poète, trouvait ainsi le plus sûr moyen d'enseigner aux foules son noble évangile d'idéalisme. Dans des cadres comme le siècle de Constantin ou notre Révolution de 89, les tragédies de l'âme et leurs acteurs prenaient un relief passionnant, faisaient ressortir aux yeux des moins « initiés » tout ce qu'est capable de créer un homme sincère, une femme qui aime.

Quoique foncièrement individualiste, le héros du drame schuréen n'est point un égoïste. Sa soif d'indépendance s'étend à ses frères captifs, et une grande pitié pour l'humanité souffrante tempère l'excès de la personnalité.

Voilà pourquoi Henry Bérenger a raison quand il nous dit qu'il ne faut le comparer ni à l'anarchiste d'Ibsen, ni au surhomme de Nietzsche. « Il a deux ailes qui leur manquent : l'enthousiasme et l'amour, » et c'est cela qui en fait un être socialement utile, capable de faire avancer cette race dont il est réellement le chef, parce que prêt à donner sa vie pour elle.

Trop beau concept pour être vrai, dira-t-on, et utopies dignes d'un âge où tous les hommes seraient des anges. N'empêche que, selon nous, l'homme qui veut atteindre cinq doit viser dix, et qu'aux faibles de la vallée il faut, quoi qu'il arrive et coûte que coûte, monter la cime.

Si dans les *Enfants de Lucifer* la figure de Lucifer déjoue l'idée farouche que s'en font les profanes et nous jette dans la déroute en personnifiant « le génie de la science, de la liberté et de l'individualité humaines », — en revanche, *la Sœur Gardienne* nous paraît le chef-d'œuvre du genre.

L'on y trouve un inceste d'âmes qui, ajouté aux enchevêtrements de la double action, visible et invisible, laisse traîner dans la pièce un superbe mélange d'humanité et de surnaturel. Ce prométhéen Maurice est la rançon de la fatalité, comme la douce Lucile est la rançon du bonheur de son frère. Le drame est pénétré d'une tension d'âme si continue, qu'elle compose une unité scénique mille fois plus grande que toutes les « actions » résultant des faits. Enfin il y a des formules très hautes, très fortifiantes. « L'homme libre a-t-il un autre but que de vivre son rêve et d'accomplir son œuvre dans la plénitude de son être ? » — « Chaque âme est une pensée de Dieu qui a pour flambeau son amour. »

Dans *Léonard de Vinci* a été retracée en contours lumineux la forte image de celui qui fut comme la perfection de l'Italie Renaissante.

Si Édouard Schuré se pencha avec une telle avidité sur le père de *La Joconde*, c'est que son intuition avait discerné en cette âme une arène de sublime bataille. C'est qu'il en avait vu les secrètes fibres ravagées, tordues, disloquées par les plus atroces des luttes humaines, par le conflit dans un même cœur de la Science et de la Foi.

« Aimer le ciel et la terre d'un égal amour » et aimer, de cette terre, son plus radieux trésor, la Femme, complète et idéale, tandis que l'ambition et la gloire, eux-aussi, réclament leurs droits — quel plus beau champ d'enthousiasme pour un Schuré ! Et quand cet homme s'appelle Léonard et que cette femme est la Joconde, et qu'il s'agit de deviner avec la seule intuition de son cœur et la clairvoyance de son initiation, ce qui a jailli de passions et d'émois entre ces deux êtres au-dessus des êtres, — nous sentons bien que ce qui bouillonne en l'esprit du dramaturge, c'est comme une fièvre dionysiaque, comme cette fureur sacrée qui poussait les daïmones et les prêtres vers le trépied fumant, dans une anxiété inouïe de déchiffrer l'indéchiffrable, de livrer enfin aux hommes le Secret redoutable qui, depuis les origines, menace et horrifie leurs têtes.

On ne saurait quitter le théâtre d'Édouard Schuré sans faire remarquer que là comme dans le reste de son œuvre, règne une absolue, une étonnante chasteté.

C'est quand tous les ressorts de l'être sont déclenchés, quand la chair parle, comme dans la Lucile de *La Sœur Gardienne*, que s'aperçoit ce souci persistant de rester pur. Souci ? Peut-être pas. Mais la tendance naturelle d'un écrivain chez lequel le cerveau a tout accaparé, qui ne s'embrase que pour les tâches augustes de la Pensée et ne souligne, des troubles charnels, que leur répercussion animique.

Et pourtant, je le répète, il se trouve des situations (voir la *Prêtresse d'Isis*, la *Roussalka*) où le déchaînement des sens découle, très intense, de la trame elle-même, où l'on sent que le corps du héros ou de l'héroïne demeure, autant que son âme, la proie totale de la passion. Et bien, même alors, fond et forme restent limpides et sains. Il y a des nuances très fines, des mots exceptionnels pour traduire ces grands désordres que la plupart ne pourraient voiler. Et c'est bien là un des traits les plus symptomatiques du talent schuréen que, s'approchant sans cesse de l'incandescente flamme de la plus folle passion, il réussit toujours à ne s'y point brûler les ailes.

V. — Histoire Littéraire. — Esthétique

Dans son *Histoire du Lied*, Édouard Schuré nous fait un joli exposé de la chanson populaire en Allemagne. Il y a tout un chapitre consacré à Goethe, qui résume à merveille ce que l'âme saxonne a de nostalgie romanesque et de lyrisme élégiaque. C'est un travail fortement documenté et éclairé par cette *intuitivité* supérieure qui permet à l'auteur des *Sanctuaires* de saisir jusqu'aux plus ténus frissons de l'âme d'autrui.

L'*Histoire du Drame musical* et *Richard Wagner* sont des critiques musicales renforcées de théories esthétiques et, surtout, du rapprochement entre « le développement de la musique et celui de la poésie ». C'est aboutir par là à poser Wagner comme le prototype de l'Artiste idéal et à l'offrir en exemple à ceux qui veulent faire des multiples chants de la nature vivante une complète, grandiose et impérissable symphonie.

Arrivons vite à ces *Précurseurs et Révoltés* qui sont bien, je crois, l'œuvre la plus originale et, pour certains, la plus séduisante qu'ait enfantée le génie de Schuré.

Réunir en une même fresque Schelley, Nietzche, Ada Negri, Ibsen, Maeterlinck, la Schrœder-Devrient, Gobineau et Gustave Moreau, voilà qui, pour un profane, confusionne. Il y a pourtant en eux un lien commun que, seul, l'ésotérisme permet de voir. Comme le dit M. Yves Mainor*, il faut considérer « au-delà des hommes et des idées, l'humanité et l'âme », et que « les œuvres individuelles n'ont de valeur que par leur puissance d'action générale et par leur don de refléter l'universel ».

C'est ce qu'a fait Édouard Schuré. Il a discerné qu'en dépit de divergences apparentes, et même réelles, dans leur concept de l'univers, ces hommes avaient, à leur insu, apporté chacun leur pierre au noble édifice de l'immortelle Pensée. L'anarchisme d'un Nietzsche aboutit quand même à faire ressortir la toute-puissance de la conscience, la plénitude du Moi, — tandis que sous son œuvre de peintre, Gustave Moreau dissimule la nécessité de hiérarchiser les âmes et d'en discipliner l'élan par une logique évolution.

Que sont ces êtres, de leur vivant méconnus et que la postérité souvent raille ? Ce sont des solitaires, dans leur dédain drapés et qui n'ont eu que le tort de vouloir monter plus haut que la vie.

Sublime audace qu'a comprise le critique à travers leurs pages désolées. C'est qu' « ils ont reçu le don de seconde vue, nous dit-il, et expient, par une sorte de proscription, le dangereux privilège de vivre dans le futur ».

Et cependant, ce sont ces lutteurs-là qui font avancer le monde.

Il est bon d'en avoir groupé les vigoureuses tendances idéalistes ou panthéistes, d'avoir placé la silhouette du légendaire *Surhomme* auprès

---

* Op. cit.

de la résignation presque évangélique de celui qui découvrit avec les yeux de sa tendresse le *Trésor des Humbles* si consolant…

Quand les cendres de Schelley s'éparpillèrent au vent latin sur la plage de Viareggio, quand les larmes de Byron se furent séchées à la flamme de ce bûcher sublime, on vit que le cœur du héros était resté intact. Il nous semble qu'après la mort de ses Précurseurs, Édouard Schuré a sauvé leurs cœurs de l'oubli de la mort, pour nous en conserver à jamais les admirables et fortifiantes leçons.

CONCLUSION

Cet aperçu succinct d'une production considérable suffit à désigner Édouard Schuré comme le chef de l'Idéalisme français contemporain.

Il est un chef, parce que ce sont des enseignements qu'il nous livre et des voies nouvelles qu'il propose à nos tâtonnements d'aveugles. Il est un chef encore, parce que sa vie entière n'est que le miroir de sa tâche. Elle en a l'abnégation, la modestie, la conviction et l'unité. C'est un bloc de transparent cristal, au travers duquel il nous plaît de lire un peu de l'éternelle Vérité.

Et néanmoins, Schuré n'a point dans les lettres françaises la place qu'il devrait avoir.

C'est l'ironie vengeresse d'un Henry Bérenger* qui nous en révèle la cause : « M. Éd. Schuré n'est ni académicien, ni universitaire, ni journaliste ; il n'est même pas chevalier de la Légion d'honneur. Esprit religieux, il est en dehors de toutes les Églises ; philosophe, il est en dehors de toutes les écoles ; poëte et romancier, il est en dehors de tous les cénacles. Il porte la peine de l'indépendance et de l'universalité de son esprit. »†

Et puis aussi, peut-être, il ne vient pas en son temps.

Il n'admet du nôtre ni la réclame, ni les perverses curiosités, ni le

---

* *Revue Bleue*, 23 juillet 1898.

† « Au moment où vont paraître ces lignes, nous apprenons que M. Édouard Schuré vient d'être fait chevalier de la Légion d'honneur. Voilà une grande injustice réparée. Tous ses lecteurs et amis s'en réjouiront. »

dissolvant byzantinisme. Son spiritualisme ne cesse de se heurter contre l'arrivisme outrancier qui a institué au pays de Pascal ce que M. Ernest-Charles a si joliment dénommé la « littérature industrielle ».

Il a une croyance solide en quelque chose de mieux, et le publicain qu'il évoque choque les pharisiens qu'il écrase.

C'est dans l'avenir infini que le grand apôtre aura tôt ou tard sa revanche.

Mais pourtant, est-ce que la patrie de Fabre d'Olivet et de Villiers de l'Isle-Adam se refusera plus longtemps à poser son laurier sur un front dont l'Étranger déjà a consacré la gloire ?

Louis de Romeuf.
Coudert, 1er Novembre 1907.

OPINIONS

De M. Henry Bérenger :

Dans l'œuvre d'Édouard Schuré, la poésie fut toujours associée à la science, l'érudition à l'imagination, et ces deux puissances de l'esprit, qui d'ordinaire se contredisent et s'étouffent, se sont au contraire, enlacées et fécondées à la flamme d'un foyer unique et perpétuel. Précurseur de la nouvelle génération idéaliste, Édouard Schuré n'a jamais conçu que l'on puisse séparer les forces de l'âme ni les virtualités de l'univers.

...C'est précisément l'esthétique dramatique d'Édouard Schuré. Il prend l'histoire comme cadre mais il invente un drame. Ses héros n'ont pas existé, mais ils en existent que mieux. Ils achèvent la vie en la dépassant. Ils sont la couronne idéale des siècles morts... C'est dans ce sens que le symbolisme historique s'est imposé à la dramaturgie d'Édouard Schuré.

(*Revue d'art dramatique*. Juin 1900.)

De M. Ludwig Schemann.

Pour tout le monde, *les Grands Initiés* signifient d'une part un puissant effort de l'esprit humain pour s'arracher à la vieille idée du Dieu judaïque, et de l'autre un grand pas en avant de l'âme humaine, menacée de mort par la science matérialiste, un pas vers le but qui est aujourd'hui le soupir et l'appel de tous, vers la réconciliation de la Science et de la Foi… Plus les choses temporelles nous déçoivent et nous laissent en plan, plus nous devons chercher consolation et renfort dans l'Éternel. Et il n'y a pas beaucoup de livres qui seraient capables comme celui-ci de nous consoler et de nous réconforter dans tous les cas et par-dessus les pires perspectives.
(*Bayreuther Blaetter*. 1897.)

Du Docteur Rudolf Steiner.

La lumière qui émane de ce livre est capable d'éclairer tous les esprits qui cherchent actuellement la force et la sécurité et veulent prendre racine dans les dessous spirituels de la vie. — Il suffit de comprendre les besoins religieux de l'heure présente pour se rendre compte de tout le bien que pourra faire cette œuvre. On y trouve la preuve historique que l'idée de religion est inséparable de l'idée « d'initiation » ou « d'illumination ». Rien de plus universellement humain que le besoin religieux. Une âme qui croit pouvoir vivre sans religion se trompe lourdement sur elle-même. Mais seuls les messagers du monde spirituel, qui ont gravi les degrés extrêmes au pays des Voyants, peuvent apporter aux âmes la lumière dont elles ont soif. S'il est vrai que les religions sont capables de révéler les plus hautes vérités aux cœurs les plus simples, il n'est pas moins vrai que leur source se trouve au point où l'esprit se dépouille du vêtement des apparences pour devenir l'imagination créatrice en communiquant directement avec l'essence des choses qui est la suprême réalité. Ainsi la recherche de la vérité devient l'inspiration, qui, par delà les êtres multiples et leurs reflets changeants, s'abreuve à la lumière primordiale des Idées.

En représentant les fondateurs des religions comme les plus grands des Initiés, Schuré a fait jaillir le développement religieux de l'humanité de ses racines les plus profondes. Ce livre est un des meilleurs symptômes de la spiritualité renaissante de notre temps. Nous comptons l'auteur de cette ouvrage parmi ceux qui marchent d'un pas intrépide dans l'aurore d'un âge nouveau.

(Préface à la traduction allemande des *Grands Initiés*.)

De M. Philippe Pagnat.

On ne saurait trop montrer dans le jour de leur destin inéluctable ces aventures sentimentales conçues hors la loi d'harmonie et portant en elles le ver destructeur... Cet amour (complet) qui fut un peu celui des grands spiritualistes et que le « bovarysme » tue dans la déformation romantique, doit répondre à toutes les facultés de l'être : physiques, intellectuelles, spirituelles... Dans *la Sœur Gardienne*, M. Schuré nous offre une autre manifestation de l'avenir créateur. C'est la forme la plus élevée qui soit : le renoncement à l'amour par amour, l'abnégation des aspirations les plus impérieuses et les plus légitimes, le don de soi jusqu'au sacrifice final de sa vie.

(*Gotha Français*. Décembre 1904.)

De M. Philippe Gille.

D'un travail ces *Grands Initiés* qui eût pu être une suite d'élucubration de philosophie civile et dont l'idée tombée en d'autres mains eut été prétexte à un jargon de pédants, l'auteur a su, par l'intensité de sa vision, sa pénétration des textes, faire un livre d'intérêt impérieux, de lecture attrayante ; poète en même temps que philosophe, il nous conduit à travers les plaines infinies de l'espace et du temps, et nous y montre les splendeurs d'une vie éternelle dont nous ne sommes séparés que par le mince et impénétrable obstacle de la matière qui nous enveloppe.

(*Le Figaro*. 13 septembre 1893.)

De M. Jean Dornis.

L'auteur de *La Prêtresse d'Isis* n'ignore point la répugnance de ses contemporains pour les recherches qui ne tombent pas immédiatement sous les sens. « Dans notre présent état, corporel, dit-il, nous avons peine à concevoir la réalisation de l'impalpable... » Le fait est qu'en composant ce roman de l'Âme, par lequel il veut fermer le cycle actuel de ses recherches, l'auteur s'est constamment souvenu de cette « doctrine orphique » que la Grèce avait empruntée à l'Égypte et dont M. Schuré dit, dans *les Sanctuaires d'Orient*, qu'elle fut « un essai d'expliquer l'origine et la fin de la vie par l'histoire de l'âme, tour à tour opprimée sous le joug de la matière, ou rendue à la liberté de l'esprit. »

(*Le Figaro*. 30 septembre 1907.)

BIBLIOGRAPHIE

I. — ŒUVRES

— **Histoire du Lied ou la Chanson populaire en Allemagne**, précédée d'une étude sur le réveil de la poésie populaire en France. Paris, Perrin, 1903 (1re édition 1868).

— **L'Alsace et les Prétentions prussiennes**. 1871, chez Richard, Genève (épuisé).

— **Le Drame musical**. I. La Musique et la Poésie dans leur développement historique. — II. Richard Wagner, son œuvre et son idée. 1re édition 1875, chez Fischbacher, Paris ; 3e édition 1895, chez Perrin.

— **Les Chants de la Montagne**, poésies, 1876, chez Fischbacher, Paris. Mélidona, 1880, Calmann-Lévy, Paris (épuisé).

— **La Légende de l'Alsace**, poèmes. 1884, Charpentier, Paris.

— **Les Grands Initiés**, esquisse de l'histoire secrète des Religions, 1re édition 1889 ; 13e édition 1907, Perrin.

— **Les Grandes Légendes de France**. 1892, 3e édition 1896, chez le même.

— **La Vie mystique**, poésies. 1894, id.

— **L'Ange et la Sphynge**, roman. 1897, id.

— **Sanctuaires d'Orient**. Égypte, Grèce, Palestine, 1898, 3e édition 1907, id.

— **Le Double**, roman. 1899, id.

— **Essai sur la Vie et l'Œuvre de Marguerita Albana**, suivi du *Corrège*, par Marguerite Albana. 1900, id.

— **Souvenirs sur Richard Wagner**. 1900, id. (brochure).

— **Le Théâtre de l'Âme**. 1re série : **Les Enfants de Lucifer** (drame antique), **La Sœur Gardienne** (drame moderne), 1900, id. ; 2e série : **La Roussalka** (représentée au théâtre de l'Œuvre en mars 1902) ; 3e série : **Léonard de Vinci**, précédé du *Rêve éleusinien à Taormina*. 1905, id.

— **Précurseurs et Révoltés**. 1904, id. — **La Prêtresse d'Isis**, légende de Pompeï, roman. 1907, id.

— **Femmes Inspiratrices et Poètes Annonciateurs**. 1908, Perrin.

II. — JOURNAUX ET REVUES

— **L'Œuvre de Richard Wagner et le Drame musical** (Revue des Deux-Mondes, 15 avril 1869).

— **La Vie et l'Œuvre de Schelley, le poète panthéiste de l'Angleterre** (Revue des Deux-Mondes, 1er et 15 février 1876).

— **La Légende du Boudha** (Revue des Deux-Mondes, 1er août 1885).

— **Une Voix du Peuple : Ada Negri** (L'Art et la Vie, 1er mars 1895).

— **L'Individualisme et l'Anarchie en littérature**, Frédéric Nietzsche et sa philosophie (Revue des Deux-Mondes, 15 août 1895).
— **Ibsen et le Drame de la Vie intérieure** (L'Art et la Vie, 1er avril 1896).
— **Nietzsche en France et la Psychologie de l'athée** (Revue Bleue, 8 septembre 1900).
— **L'Œuvre de Gustave Moreau** (Revue de Paris, 1er décembre 1900).

III. — EN PRÉPARATION*

— **Cris des Temps nouveaux** (poésies).
— **Portraits et Souvenirs.**
— **L'Ésotérisme chrétien, son passé et son avenir.**
— **Récits du Monde occulte.**

À CONSULTER

— **Yves Mainor** : *M. Édouard Schuré*. Angers, Germain et Grassin, 1905.
— **Philippe Pagnat** : *La Puissance d'aimer*, Gotha français, décembre 1904, janvier 1905.
— **Mlle Mario de Sivers** : Traduction allemande des *Grands Initiés*, avec une préface du Dr Rudolf Steiner. Leipzig, Altmann, 1907†.
— **Ludwig Scheemann** : *Les Grands Initiés*. Bayreuther Blaetter, 1897.
— **Henry Bérenger** : *Le Mouvement romanesque en France*, Revue des Revues, 15 mars 1897 ; *Le Roman-Poème*, Revue Encyclopédique, 15 mai 1897 ; *M. Édouard Schuré*, Revue Bleue, 23 juillet

---

* À la date de parution de cette biographie soit 1908.
† *Les Grands Initiés* ont été traduits en italien par Arnaldo Cervesato (Bari) et en anglais par Bothwall (Wellby, Londres).

1898 ; *Le Théâtre d'Édouard Schuré*, Revue d'Art dramatique, juin 1900.

— **Philippe Gille**, bibliographie-Figaro, 13 septembre 1893.

— **A. Bertrand** : *Les Grands Initiés*, L'Écho de Lodève, 28 janvier 1894.

— **Marius Sépet** : *Variétés*, Le Monde, 6 janvier 1890. — Un article du Journal de Genève, juin 1894.

— **Jean Dornis** : *La Clef de l'Univers*, Figaro, 30 septembre 1907.

— **Édouard de Morsier** : *Le nouveau roman d'Éd. Schuré, la Prêtresse d'Isis*, La Revue, 15 février 1907.

Copyright © 2025 by ALICIA ÉDITIONS
Crédits image : Canva, Wikipédia Commons
Couverture : Héraclès et Athéna. Médaillon d'un kylix attique à figures rouges, 480-470 av. J.-C. Provenance : Vulci.
https://fr.m.wikipedia.org/wiki/Fichier:Athena_Herakles_Staatliche_Antikensammlungen_2648.jpg
https://fr.wikisource.org/wiki/%C3%89douard_Schur%C3%A9/Portrait#/media/Fichier:%C3%89douard_Schur%C3%A9.jpg
Photo d'Édouard Schuré 1908, Anonyme,
https://archive.org/details/douardschurb00rome
Autographe d'Édouard Schuré, 1908,
https://www.archive.org/details/douardschurb00rome

https://commons.wikimedia.org/wiki/File:Autographe_d%27%C3%89douard_Schur%C3%A9.jpg
https://commons.wikimedia.org/wiki/Category:%C3%89douard_Schur%C3%A9?uselang=fr#/media/File:Autographe_d'%C3%89douard_Schur%C3%A9.jpg

ISBN E-book : 9782384555895
ISBN Broché : 9782384555901
ISBN Relié : 9782384555918

Tous droits réservés

www.ingramcontent.com/pod-product-compliance
Lightning Source LLC
LaVergne TN
LVHW032013070526
838202LV00059B/6443